Erwin Fischer

Das verspielte Deutsche Reich
Zeitgeschichte 1930 – 1945

Kommentar
ohne Schminke und Kosmetik

– erlebt und beobachtet –

Erwin Fischer

Das verspielte Deutsche Reich
Zeitgeschichte 1930 – 1945

Kommentar
Ohne Schminke und Kosmetik

– erlebt und beobachtet –

E. Weiss

CIP - Kurztitelaufnahme der Deutschen Bibliothek

Fischer, Erwin:
Das verspielte Deutsche Reich :
Zeitgeschichte 1930-1945 / Erwin Fischer. –
München; Dreieich : E. Weiss, 1986.
ISBN 3-88753-090-x

© 1986 by E. Weiss Verlag
Prinzenstr. 48, 8000 München 19 – Veilchenstr. 2, 6072 Dreieich
Alle Rechte, auch die der Übersetzung, vorbehalten. Kein Teil des
Werkes darf in irgendeiner Form, Druck, Fotokopie, Mikrofilm, oder
einem anderen Verfahren, ohne schriftliche Genehmigung des
Verlages reproduziert oder unter Verwendung elektronischer
Systeme verarbeitet, vervielfältigt oder verbreitet werden.
Gesamtherstellung:
E. Weiss Druck und Verlag GmbH, 6072 Dreieich
Printed in Germany

ISBN 3-88753-090-x

Vorwort

Diesem Buch liegen von mir verfaßte Tagebuchnotizen aus den Jahren 1941, 1943, 1944 und 1946 zugrunde, die den 2. Weltkrieg überlebten und mir erhalten blieben. Momentaufnahmen der Zeitgeschichte. Aus erster Hand. Selbst erlebt und beobachtet. Ohne kosmetische Hilfsmittel in Aussage und Stil.
Die Zusammenfassung dieser Notizen verband ich mit dem Versuch eines im Jahre 1920 Geborenen, sie in die ebenfalls geschilderten Zeitläufe der dreißiger und vierziger Jahre des 20. Jahrhunderts zu integrieren.
Hierbei bemerke ich, daß meine persönlichen Erlebnisse, Beobachtungen und Wahrnehmungen aus dieser Zeit im Vordergrund stehen. Objektiv, ohne jegliche Tendenzen, wiedergegeben. Ich habe mich ernsthaft darum bemüht. Begleitet werden diese Schilderungen vom jeweils zeitgleichen Geschichtsablauf, wobei das, was sich hinter der politischen, diplomatischen oder militärischen Kulisse dieser Ära abspielte, nicht zu kurz kommen sollte. Für den interessierten Leser eine Konfrontation mit der Vergangenheit.

Erwin Fischer

Gewitterwolken über Deutschland
1930 – 1933

Der Friedensvertrag von Versailles, als Folge des 1. Weltkrieges von 1914-1918, produzierte am laufenden Band internationale Konferenzen. Dies deshalb, weil seine teilweise dem Völkerrecht widersprechenden Bestimmungen Deutschland wirtschaftlich zutiefst trafen. Sie führten zu Elend und Massenarbeitslosigkeit. Die Kriegsschuld am 1. Weltkrieg wurde widerrechtlich den Deutschen zugesprochen. Die Geschichte von 1914 und der Vorkriegszeit beweist aber, daß dieser Schuldspruch der Alliierten in höchstem Maße unrichtig war. Als sich der deutsche Kaiser Wilhelm II. im Juli 1914 noch auf seiner traditionellen Nordlandreise befand, betrieben Frankreich, England und Rußland bereits die Mobilmachung ihrer Streitktäfte. In Deutschland dachte, bedingt auch durch den damaligen Wohlstand, niemand an Krieg oder Kriegsvorbereitungen. Frankreich wollte Rache für 1870/1871, und England stand ihm bei.
Nach Beendigung des 1. Weltkrieges wuchs im deutschen Volk zunehmend der passive und aktive Widerstand gegen die Willkürmaßnahmen des Versailler Vertragswerkes. Die angeordneten Reparationszahlungen lähmten entscheidend eine positive wirtschaftliche Entwicklung. Vonseiten der damaligen französischen Regierungen unter Clemenceau, Poincaré, Briand und Tardieu wurde angedroht, daß bei Nichterfüllung der geforderten Reparationszahlungen die Sanktionsbestimmungen des Versailler Vertrages – unter anderem die Ruhrbesetzung – wieder in Kraft treten würden. Be-

kanntlich konnte 1924 auf der Londoner Konferenz in sehr schwierigen Verhandlungen Gustav Stresemann die Räumung des Ruhrgebietes erreichen. Er verstarb 1929. Seinen Bemühungen war es noch zu verdanken, daß Frankreich im Juni 1930 das bis dahin von ihm besetzte Rheinland räumte. Bedingt durch die weitergehenden Reparationszahlungen des Deutschen Reiches an die Alliierten, trat 1931 eine ungeheuerliche wirtschaftliche Depression ein. Sie war praktisch, trotz zahlreicher einberufener Konferenzen in London und Paris, nicht mehr zu stoppen.

Der wirtschaftliche Niedergang Deutschlands nahm seinen weiteren Verlauf. 7 Millionen Arbeitslose auf den Straßen schrien „Hunger" und „Brot". Als Schüler im Alter zwischen 10 und 13 Jahren registrierte ich die geladene und gereizte Atmosphäre in meiner Vaterstadt Frankfurt am Main. Am hellichten Tage marschierten Arbeitslose in Reih und Glied durch die Straßen der Stadt, demonstrierten und forderten Arbeit. Das „Stempeln" auf dem Arbeitsamt und die schwere Sorge um Kinder und Familien war düsterer Alltag geworden. An den Zeitungskiosken wurde in größeren und kleineren Gruppen über die bestehende Notlage diskutiert und gestritten. Die Schlagzeilen der Presse wurden gierig verschlungen. Schlägereien, hauptsächlich zwischen Kommunisten, Nationalsozialisten, Sozialdemokraten und Reichsbanner, waren an der Tagesordnung. Nicht nur dies. Auch der Mord an politisch Andersdenkenden jagte durch Straßen und Ecken der Mainmetropole. Die rote Fahne sowie das Hakenkreuz wurden zusehends im Stadtbild sichtbar. Die Masse der Menschen war sich instinktiv bewußt, daß die Weimarer Demokratie mit ihren über 20 Parteien am Ende sei, und daß die jeweils amtierende Regierung das nationale, wirtschaftliche und soziale Elend Deutschlands nicht beseitigen könne. Der Weg ins politische Extrem über KPD oder NSDAP war, bedingt durch die hoffnungslose Lage, geebnet.

Aufbruch zu neuen Ufern
1933 – 1937

Am 30. Januar 1933 war es soweit. Hitler übernahm die Macht. Er wurde mit der Bildung einer neuen Regierung beauftragt. Deutschland stand an der Wende. Jeder fühlte es. Jeder wußte es. In großen Aufmärschen, mit Fackeln, Fahnen und Kundgebungen, zogen die gut organisierten braunen Bataillone der SA durch Frankfurt am Main. Von Widerstand war hier nichts zu spüren. Es herrschte allgemein Aufbruchsstimmung. Offensichtlich war ein neues Kapitel deutscher Geschichte aufgeschlagen. Neue Hoffnungen keimten. Besonders bei der Jugend. Aber auch bei der mittleren und älteren Generation. Niemand im Volk befürwortete weitere Reparationszahlungen und Sanktionen. Die Fesseln des Versailler Diktates sollten abgestreift werden. Ordnung im eigenen Haus wieder einkehren. Arbeit für alle und wirtschaftlicher Aufschwung. Dies waren die Parolen der damaligen deutschen Gegenwart. Auch in Frankfurt am Main.
Im gefesselten Reich herrschte damals, unmittelbar nach der Machtübernahme Hitlers, eine wahre Frühlingsstimmung. Hoffnungen der verarmten Massen keimten. Eine sehr geschickt angelegte Propaganda beeinflußte ernsthaft nicht nur das Arbeitslosenheer von 7 Millionen Menschen, sondern sogar die sogenannten Intellektuellen wie Professoren, Lehrer, Juristen und Pfarrer. Nur eine fast nicht zählbare Minderheit konnte und wollte sich nicht mit dem Programm der NSDAP identifizieren. Sie blieb, praktisch unsichtbar, sprachlos und zu-

nächst auch unentdeckt. Von entscheidendem Widerstand spürte man deshalb nichts, weil Hitler zwischen 1933 und 1938 am laufenden Band gegenüber den Aliierten des 1. Weltkrieges ungeheure nationale Erfolge – ohne Krieg – verbuchen konnte. Der Autobahnbau begann. Die Arbeitslosenziffer sank entscheidend. Ganz besonders in der Rüstungsindustrie wurden viele Arbeitsplätze geschaffen. Die Wirtschaft blühte immer mehr auf.
Am 5. April 1933 bereits ließ Hitler wählen. Er errang bei der letzten demokratischen Wahl die absolute Mehrheit im Reichstag, kam also legal zur Macht.
Am 14. Oktober 1933 trat das Deutsche Reich aus dem Völkerbund aus, nachdem Japan dies bereits im Februar des gleichen Jahres getan hatte. Dem deutschen Austritt gingen ergebnislose und, wie gewohnt, ermüdende Genfer Konferenzen voraus. Am 2. August 1934 verstarb der greise Generalfeldmarschall Paul von Hindenburg. Die politische Macht ging nun uneingeschränkt auf Adolf Hitler über.
Die Rückgabe des Saargebietes an das Deutsche Reich erfolgte am 1. März 1935. In einer Volksabstimmung votierten weit über 90% der Saarländer für den Anschluß an Deutschland. Die Wahl wurde von einer internationalen Kontrollkommission überwacht. Unbeschreiblicher Jubel herrschte in diesen Frühlingstagen in Deutschland, besonders als bereits wenige Tage später, am 16. März 1935, die allgemeine Wehrpflicht wieder eingeführt wurde. In den Straßen Frankfurts wehten, praktisch an allen Häusern, die Fahnen Schwarz-Weiß-Rot und das Hakenkreuz. Zu jener Zeit, als ich 15 Jahre alt war, forderte die Partei des „Führers", die NSDAP,

alle Hausbesitzer auf, ihre Dachböden dergestalt zu entrümpeln, daß zumindest die schwarz-weiß-roten Fahnen des Kaiserreiches an den Häusern aufgehängt wurden, was auch erfolgte. Schwarz-Rot-Gold war nicht mehr gefragt. Es wagte sich auch niemand mehr, in Anbetracht des schwarz-weiß-roten Fahnenwaldes, andere Symbole zu präsentieren. Die Weimarer Republik war tot. Mit Wiedereinführung der allgemeinen Wehrpflicht und Rückgewinnung der Wehrhoheit wurde die Friedensstärke der deutschen Armee auf 36 Divisionen, 500.000 Mann, erhöht und eine schlagkräftige Luftwaffe modernster Art aufgebaut, ebenso starke Marineeinheiten. London und Paris protestierten. Man erblickte dort in den ergriffenen Maßnahmen die endgültige Aufkündigung des Versailler Vertrages durch die deutsche Reichsregierung. Während man in Paris hartnäckig blieb, ließ die englische Regierung in Berlin anfragen, ob ihr Außenminister Sir John Simon in den nächsten Tagen mit der deutschen Führungsspitze in Verhandlungen eintreten könne. Am 26. März 1935 schließlich erfolgte der Besuch des englischen Außenministers sowie des Lordsiegelbewahrers Anthony Eden bei Hitler in der Reichskanzlei zu Berlin. Die Briten, vor allem Sir John Simon, waren vom an sich guten Verlauf der Gespräche beeindruckt, ebenso vom rapid erfolgenden deutschen Wideraufbau. Hitler forderte die Parität der Streitkräfte zu Lande und in der Luft. Er war sich aber bewußt, daß er mit Großbritannien bezüglich der Flotte einen Kompromiß eingehen mußte. Er schlug von sich aus 35% der englischen Flottenstärke vor. Die Engländer stimmten zu, und so kam es am 18. Juni 1935 zum

deutsch-englischen Flottenabkommen. Dies unabhängig von Frankreich, das argwöhnisch die deutsche Entwicklung beobachtete. Für Hitler waren diese Tage ein einziger Triumph, was auch die internationale Presse neidlos anerkannte und kommentierte.
Dem März 1935 folgte der März des Jahres 1936. Es ging Schlag auf Schlag. Hitler verdankte seine damaligen außenpolitischen Erfolge hauptsächlich der Uneinigkeit seiner westlichen Gegenspieler England und Frankreich, Deutschland gegenüber. Die Briten, besonders der einflußreiche Lloyd George, bewunderten ehrlich und offenkundig in diesen Jahren, wie in Deutschland die sehr schwierigen sozialen Fragen effektiv gelöst wurden. In Frankreich dagegen schaute man diesem Spiel der Geschichte neidvoll und mißmutig zu. Zudem hatte man in London immer noch nicht die Zwistigkeiten vergessen, die sich 1914-1918 auf den Schlachtfeldern Frankreichs zwischen dem britischen Expeditionskorps und dem französischen Generalstab ergaben. Bekanntlich erwog Großbritannien 1916 ernsthaft die Rückführung seiner Truppen vom französischen Territorium, da das britische Oberkommando seine Interessen nicht gewahrt sah und der Blutzoll seiner Truppen zugunsten der Franzosen zu hoch ausfiel.
Unter Berücksichtigung der versteckt zutage tretenden unterschiedlichen außenpolitischen Ziele Londons und Paris, was vom Auswärtigen Amt in Berlin mit Zufriedenheit registriert wurde, ordnete Reichskanzler Hitler am 7. März 1936 die Besetzung der entmilitarisierten Zone des Rheinlandes durch deutsche Truppen an. Am 19. März 1936 verurteilte der Völkerbundsrat die Rheinlandbesetzung als Bruch des Versailler Vertrages

sowie des Locarno-Abkommens von 1925 durch die deutsche Reichsregierung. Diese wiederum erklärte, daß der Locarno-Vertrag bereits vor dem 7. März 1936 durch die Ratifizierung des französisch-sowjetischen Beistandspaktes hinfällig geworden sei und somit de facto nicht mehr existiere. Der Schwarze Peter wurde also Paris und Moskau zugespielt, da deren Bündnis sich nach Auffassung der deutschen Regierung eindeutig gegen das Deutsche Reich richte. Litwinow auf russischer Seite und Flandin als französischer Außenminister arbeiteten den Beistandspakt aus. Großbritannien wollte von dieser geschlossenen Allianz nichts wissen und hatte auch kein Interesse daran, achtzehn Jahre nach Kriegsende in einen neuen Weltkrieg hineinzuschlittern. Anders war die Situation in Frankreich. Hier erwog man ernsthaft, wieder ins Saargebiet einzumarschieren. Der französische Generalstabschef Gamelin war es, der seine Regierung letztendlich von diesem Plan abbrachte, weil ihm das Risiko eines solchen Unternehmens, besonders ohne England, zu groß erschien. Inzwischen studierte die englische Regierung die Friedensnote Hitlers über ein Friedensangebot von 25 Jahren, die Ribbentrop zum Zeitpunkt des deutschen Einmarsches ins Rheinland an Eden übergab. Gedacht war dieses Angebot als „Ersatz – Locarno", wie man in Berlin interpretierte. Am Quai d'Orsay mißtraute man diesem Schachzug Hitlers, während man in der Downing Street einen Silberstreifen am Horizont Europas zu entdecken glaubte. Es kam zwar nicht zu vertraglichen Abmachungen hinsichtlich des Angebotes der Reichsregierung, jedoch versandete die Rheinland-Besetzung in ihrer politischen und militärischen Bedeutung im politischen Alltag. Die Gemüter beruhigten sich. Schlagzeilen hierüber in der Auslandspresse waren bald nicht mehr zu finden. Dagegen erregte die Berliner Olympiade im August 1936 die Weltöffentlichkeit. Sie bot sich spektakulär dar als Aushängeschild des neugeschaffenen Dritten Reiches. Organisation und Glanz lag über diesen Spielen. Von der gesamten Weltöffentlichkeit, sogar von den Amerikanern, neidlos bewundert. Die deutsche Olympiamannschaft errang die meisten Goldmedaillen. Der Geist Olympias lag über den Stadien und Arenen. Er verdeckte offensichtlich die weiteren Pläne Hitlers, auch im deutschen Volke selbst. Stark beeindruckt von dieser geschichtlichen Entwicklung in Deutschland kam es Anfang September 1936 zu einer freundschaftlichen Aussprache zwischen dem Engländer Lloyd George und Adolf Hitler auf dem Obersalzberg in Berchtesgaden.

Das Jahr 1937 verlief ohne größere politische Aufregungen. Es wurden auch vonseiten Hitlers der Weltöffentlichkeit keinerlei Überraschungen und Sensationen präsentiert. Das Reich wurde im Innern stabilisiert. Die Partei – es gab ja nur eine – wurde organisatorisch gestärkt. Die Jugendarbeit forciert. Die Wiederaufrüstung energisch betrieben. Wirtschaftlich wollte man vom Ausland möglichst unabhängig, autark, sein. Exporte ja, Importe möglichst keine. Hinzu kam eine zentral gesteuerte Devisenbewirtschaftung. Export-Erlöse in fremder Währung mußten die Unternehmen der Deutschen Reichsbank abführen.

Als damals 17-jähriger junger Mann war ich in der Export-Abteilung eines Industrieunternehmens in Frankfurt am Main tätig und erinnere mich noch genau an die

seinerzeitigen wirtschaftlichen Direktiven des Reichswirtschaftsministeriums, mit denen ich alltäglich konfrontiert war. Die Geschäfte liefen im Inland wie auch im Ausland sehr zufriedenstellend, und es war im Jahre 1937 sogar noch möglich, daß jüdische Mitbürger die ihnen erteilte Prokura in Geschäften und Unternehmen noch weiter beibehielten. So beispielsweise in dem Betrieb, in welchem ich 1937 beruflich engagiert war. Es gab dort auch keinerlei Reibereien, obwohl man den Eindruck hatte, daß unser jüdischer Prokurist, Herr Frank – ein Mann mittleren Alters – die Zeichen der Zeit erkannte. Er weihte mich vertrauensvoll in einem Gespräch in seine Absicht ein, Ende 1937 mit seiner Frau nach Amerika überzusiedeln, was er auch dann realisierte. Herr Frank, ein verdienstvoller und kluger Mann, war deutscher Offizier im 1. Weltkrieg. In Frankfurt blieb, trotz einsetzender antijüdischer Propaganda, die hauptsächlich vom Wochenblatt des Gauleiters Julius Streicher – „der Stürmer" – inszeniert war, 1937 die jüdische Bevölkerung allgemein unbehelligt. Frankfurt am Main hatte seinerzeit immerhin einen jüdischen Bevölkerungsanteil von 10%.
Was die Jugend im Jahre 1937 anbelangte, so gab sich die Reichsjugenführung bereits seit 1934 die größte Mühe, alle Jugendlichen der Hittlerjugend zuzuführen. Es begann in den Schulklassen, in denen die ersten Hitlerjungen ihre braunen Hemden zur Schau trugen und begeistert über ihre neuen Ideale sprachen. Die Jugend ließ sich aber nur sehr mühsam einheitlich organisieren, weil konservative Faktoren, wie Kirche und Elternhaus, nur selten dazu die Weichen stellten. Ich selbst war seinerzeit noch bei den christlichen Pfadfindern, die CVJM

(Christlicher Verein Junger Männer) genannt wurden und deren Hauptaufgabe darin bestand, die in grünem Hemd mit blauem Binder marschierenden Jugendlichen auf der Basis des Christentums, wehrhaft und naturverbunden, zu erziehen. Der Hitlerjugend und besonders der Partei war dies ein Dorn im Auge. Später wurden alle bestehenden Jugendorganisationen außerhalb der NSDAP aufgelöst.
Frankfurt am Main selbst bot 1937 ein buntes Bild der Geschäftigkeit, des Business und der Unterhaltung. Von einer Uniformierung des Kulturlebens war noch nichts zu spüren. Vor der historischen Kulisse des Römerberges fanden abends im Scheinwerferlicht Freilichtspiele statt. In sehr vielen Cafés der Innenstadt war Musik und Tanz Trumpf. Dies bereits ab 15 Uhr mittags. International bekannte große Tanzorchester hatten großen Zulauf, so beispielsweise Barnabas von Géczy, Will Glahé, Bernhard Ettée und Georges Boulanger. Der Schumann-Keller am Hauptbahnhof, das Café Regina an der Hauptwache oder das Café Rumpelmeyer sowie das Café Wien waren stets überfüllt. Variétévorstellungen mit weltbekannten Artisten im Schumann-Theater oder im „Groß Frankfurt" am Eschenheimer Turm waren stark besucht. Dies alles zu damals sehr billigen und auch für die Jugend erschwinglichen Preisen. Der Gast war König.
Der in der Zeit von 1933-1945 amtierende Frankfurter Oberbürgermeister Dr. Krebs wirkte als Jurist auf die Stadtbevölkerung politisch beruhigend und ausgeglichen. Er bemühte sich, gerecht zu handeln. Obwohl Parteimitglied, hatte er ständigen Ärger mit Gauleiter Sprenger, dessen Anordnungen er sich laufend wider-

setzte. Krebs wurde im Jahre 1947 von einer Darmstädter Spruckammer als „Minderbelasteter" eingestuft. Die große Politik von 1937 hatte offensichtlich eine Ruhepause eingelegt. In London wurde am 12. Mai 1937 Georg VI. zum englischen König gekrönt, nachdem der Herzog von Windsor, Prinz Eduard, auf den Thron verzichtete und eine Bürgerliche heiratete. In Paris, auf dem Marsfeld (Champs de Mars), fand die Weltausstellung statt. Aufgrund leerer französischer Staatskasse verschob der damalige französische Ministerpräsident, der Sozialist Léon Blum, die Eröffnung der „Exposition du monde" um einige Monate, wo sie, wie gesagt, dann endgültig im Mai 1937 stattfand. In diplomatischen Kreisen fiel besonders auf, daß die Entente des 1. Weltkrieges – hauptsächlich England, Frankreich und Italien – mehr und mehr zerbröckelte. Die englische Diplomatie und Öffentlichkeit tendierte offensichtlich zu Deutschland. England war von den innen- und außenpolitischen Erfolgen des Reiches geblendet. Dieser Zerfall des ehemaligen alliierten Bündnisses, dem ja auch Italien angehörte, wurde fortgesetzt durch Mussolinis Staatsbesuch in Deutschland im September 1937. Der italienische Diktator fühlte sich im Abessinien-Konflikt 1935 von seinen westlichen Alliierten im Stich gelassen, da diese über den Völkerbund Sanktionen gegen sein Land beantragten. Ohne deutsche Wirrtschaftshilfe hätte Mussolini den Äthiopienfeldzug im Nordosten Afrikas überhaupt nicht führen und erfolgreich abschließen können. Kaiser Haile Selassie wurde von den Italienern aus Addis Abeba vertrieben. Die Provinz Eritrea, ehemalige italienische Kolonie, wiedererobert. Dies mühsam und unter sehr schweren italienischen Verlusten. Die deutsch-italienische Freundschaft, die spätere Achse Berlin-Rom, ergab sich aufgrund dieser historischen Entwicklung von selbst. Hitler und Mussolini unterstützten außerdem General Franco im spanischen Bürgerkrieg in seinem Kamf gegen die internationalen Brigaden, die von Moskau gesteuert waren. Auf spanischer Erde spielte sich praktisch der Kampf zweier weltanschaulicher und ideologischer Giganten ab. Auf der einen Seite die Bestrebungen des spanischen Generals Franco, sein schwer darniederliegendes Land von Bürgerkrieg und Elend zu befreien, ihm seine nationale Würde und christliche Gesinnung wiederzugeben, es also aus dem bestehenden Chaos zu retten. Auf der anderen Seite bemühten sich die kommunistisch durchsetzten internationalen Brigaden angeblich darum, in Spanien die Demokratie wieder herzustellen. In Wirklichkeit aber versuchte Moskau, sich in Spanien ein westeuropäisches Sprungbrett zu sichern, um von dort aus dem Ziel der erstrebten bolschewistischen Weltrevolution näherzukommen. Francos Sieg wäre zweifelsohne ohne die deutsche Luftwaffenunterstützung – repräsentiert durch die „Legion Condor" – nicht möglich geworden. In Moskau, Paris und London beobachtete man diese Tatsache sehr ernsthaft.

Im gleichen Maße wie der deutsch-italienische Freundschaftspakt bestimmenden Einfluß auf die europäische Politik gewann, distanzierte sich England mehr und mehr von seinem Trend, eine deutsch-englische Koalition zu bilden. In London spürte man, daß es jetzt erforderlich sei, sich Paris wieder anzunähern. Das klassische „Gleichgewicht der Kräfte" schien aufgrund der sichtbaren Erfolge der deutschen Diplomatie aus englischer Perspektive aus den Fugen zu geraten. Das Reich bot dem Ausland ein Bild nationaler und sozialer Stärke. Mit Argusaugen beobachtete man im Westen die weitere Entwicklung, nachdem Mussolini aus der ehemaligen Allianz ausgebrochen war. Auf dem Sektor der deutschen Innenpolitik verlief – ohne Demokratie und parlamentarischer Opposition – alles planmäßig. Es gab nur eine einzige Gewerkschaft, die Deutsche Arbeitsfront, der alle Berufstätigen angehörten. Ein Streikrecht existierte nicht. Niemand dachte auch daran. Schon gar nicht wegen des sichtbaren und erfolgreichen Wiederaufbaus der deutschen Wirtschaft. Auch die Unternehmer hatten sich den sozialpolitischen Direktiven der Deutschen Arbeitsfront zu unterwerfen. Sie wurden entsprechend kontrolliert. Wirtschaftspolitisch gesehen, kam es zum „Lohn – Preis – Stop", der zum damaligen Zeitpunkt Arbeitgebern und Arbeitnehmern gleichermaßen zugute kam, ohne die stets erforderlichen Investitionen privater und staatlicher Art zu hemmen. Selbst der Konkurrenzgedanke in der nationalen Wirtschaft erlahmte hierbei nicht. Es ging nicht um Preisüberbietungen, sondern um Preisunterbietungen. Im gleichen Jahre 1937 fuhren deutsche Arbeitnehmer mit dem KdF-Dampfer „Kraft durch Freude" in den von der Deutschen Arbeitsfront organisierten jeweiligen Auslandsurlaub übers Meer. Dieses propagandistische aber real existierende Meisterstück wurde vom Ausland neidvoll bewundert.

Wenn das Jahr 1937 zweifelsohne noch ein „Friedensjahr" war, so spürte man trotzdem, daß die westlichen Demokratien, besonders England und Frankreich, aussenpolitisch sich einander wieder annäherten, um der Achse Berlin-Rom diplomatisch und strategisch Paroli zu bieten. Es war offensichtlich die Ruhe vor dem Sturm. Genau ein Jahr nach der Berliner Olympiade.

Das Großdeutsche Reich
1938/1939

Im Februar 1938 wurde der deutsche Außenminister Freiherr von Neurath in seinem Amt abgelöst. An seine Stelle trat nun als Chef des Auswärtigen Amtes der linientreue und fanatische Führeranhänger Joachim von Ribbentrop.
In Österreich und der Tschechoslowakei herrschte Unruhe. Es gärte und brodelte dort. Der politische Alltag in Wien und Prag wurde überschattet von täglichen Zusammenstößen protestierender Massen. Besonders die sudetendeutsche Bevölkerung der Tschechoslowakei fühlte sich von Tschechen unterdrückt und forderte Autonomie, ja sogar den Anschluß des Sudetenlandes an das Deutsche Reich. Auch die slowakische Minderheit im tschechischen Staatsverband rebellierte.
Was Wien anbelangt, stand schlichtweg die österreichische Demokratie auf dem Spiel. Die Regierung Schuschnigg befand sich im Status der Auflösung und trat zurück. Der „völkische Gedanke" Hitlers ging an seiner Heimat nicht spurlos vorüber. Im Gegenteil, dort etablierte nationalsozialistische Zellen unter Führung des späteren Gauleiters Seyß-Inquart forderten den Anschluß Österreichs an Deutschland. In London und Paris nahm man erschreckt von dieser polititschen Entwicklung im mitteleuropäischen Raum Kenntnis. In aller Eile entsandte das britische Außenministerium Anfang März 1938 seinen Sonderbotschafter Henderson nach Berlin. Dieser bot der deutschen Reichsregierung Kolonialbesitz in Zentralafrika an. Hitler lehnte uninte-

ressiert ab. Er wollte seine europäische Karte weiterspielen. Dieses unerwartete, der strategischen Zersplitterung des Reiches dienende Angebot der britischen Regierung erklärte sich daraus, daß in der internationalen Presse Gerüchte auftauchten, denenzufolge deutsche Truppen an der tschechischen Grenze stünden und nur auf ihren Einmarsch warteten. Man schrieb auch vom nicht aufzuhaltenden Zusammenbruch des österreichischen Parlamentarismus und des von Hitler und auch vom österreichischen Volk gewollten Anschlußes Österreichs an das Deutsche Reich. Am 13. März 1938, wenige Tage nach den Gesprächen mit Henderson, schließlich verkündete Hitler auf dem Balkon des Wiener Rathauses, von fanatischen Massen bejubelt, „der Göttin der Geschichte den Eintritt meiner Heimat in das Großdeutsche Reich", nachdem deutsche Truppen in Österreich einmarschiert waren. Adolf Hitler, in Braunau am Inn geboren, wurde dort als einfacher Sohn seines Landes und als Gefreiter des 1. Weltkrieges entsprechend überall gefeiert. In einer im April 1938 stattgefundenen Volksabstimmung gaben 99% aller Wähler in Österreich und dem übrigen Reichsgebiet ihre Stimme für den erfolgten Anschluß ab und bejahten gleichzeitig die Fortsetzung der Politik des deutschen Reichskanzlers in Europa.

Obwohl nunmehr zwischen Deutschland und Italien eine gemeinsame Grenze bestand, stellte sich Mussolini, die in diesen Tagen einzige Hoffnung der Entente, rückhaltlos hinter Hitler. Die spätere Achse Berlin-Rom bestand ihre erste Bewährungsprobe. Anfang Mai 1938 weilte Hitler zu einem Staatsbesuch in Italien. Er wurde von König Victor Emmanuel sowie vom Duce glanzvoll empfangen. In den Straßen Roms marschierte die faschistische Miliz, die Schwarzhemden des italienischen Diktators, auch „camisca nere" genannt. Graf Ciano, der italienische Außenminister und Schwiegersohn des Duce, zögerte allerdings noch mit dem Abschluß eines offiziellen deutsch-italienischen Freundschaftspaktes. Die jetzt von Hitler geschaffene gemeinsame Grenze mit dem mächtigen Großdeutschen Reich einerseits sowie dessen unaufhaltsame Aufrüstung andererseits waren der eigentliche Grund für das Zögern Roms. Hinzu kam, daß England und Frankreich in Berlin gegen den Anschluß Österreichs sowie wegen angeblicher deutscher Truppenkonzentrationen an der tschechischen Grenze energisch protestierten. Ciano wollte sich zu diesem Zeitpunkt neutral verhalten, um im Eventualfall der Westmächte sicher zu sein. Die englische Diplomatie in diesen Maitagen des Jahres 1938 war sehr rührig. So erkannte Downing Street Nr. 10 in London nachträglich die 1935 erfolgte Annexion Abessiniens durch Italien – Rom gegenüber – an. Man wollte die „Achse" zerbrechen und Italien wieder zu sich herüberziehen. Inzwischen schwelte die Sudetenkrise. Sie spitzte sich von Tag zu Tag zu. Die Jahre der Ruhe waren beendet. Vorher respektierte der tschechische Staat die sudetendeutsche Minderheit in allen Belangen. Es gab keine Südtiroler Verhältnisse dort. Im Mai 1938 jedoch erfolgte vonseiten der Tschechen die Teilmobilisierung, gestützt durch den tschechisch-sowjetischen Vertrag sowie dem französischen Beistandsversprechen gegenüber Prag. Hintergrund dieser Maßnahme war, daß die tschechische Regierung unter Benesch in der internationalen Presse den Eindruck erwecken ließ, daß deutsche

Truppenkonzentrationen an der tschechischen Grenze festzustellen seien. Engländer und Franzosen fielen auf diesen politischen Trick Prags herein und verschärften ihre diplomatischen Schritte Berlin gegenüber. In Wirklichkeit stand kein einziger deutscher Soldat damals an der tschechischen Grenze. Das bestätigte später auch der englische Geheimdienst. Inzwischen wurden 2 Sudetendeutsche, bedingt durch den einsetzenden tschechischen Terror, getötet. Der Ruf nach Autonomie des Sudetenlandes wurde stärker und stärker. Konrad Henlein, der Führer der Sudetendeutschen Volkspartei, setzte sich hierfür besonders ein. Tägliche Zwischenfälle wurden von den Propagandaapparaten beider Kontrahenten zumindest stark aufgebauscht, so daß zwischen Mai und September 1938 politische Gewitterwolken den Horizont Europas mehr und mehr verdüsterten. Es bestand effektive Kriegsgefahr. Dies 20 Jahre nach Beendigung des 1. Weltkrieges. Am 21. Mai 1938 übergab der englische Außenminister Lord Halifax dem deutschen Reichsaußenminister von Ribbentrop eine deutliche Warnung inform einer Note der britischen Regierung. Diese forderte Mäßigung. Jeder hatte den Eindruck, daß die Note Londons an die falsche Adresse gerichtet war; denn die tschechische Regierung unter Benesch trat Deutschland und der Minderheit von immerhin 3,5 Millionen Sudetendeutschen gegenüber immer aggressiver und provozierender auf. Die Teilmobilisierung der tschechischen Streitkräfte wurde zwar in Berlin registriert, aber nicht mit deutschen Gegenmaßnahmen beantwortet. In Prag reizte man Hitler, der von Mai bis September 1938 diesem politischen Schauspiel der provozierenden Tschechen noch keine Antwort er-

teilte. Dafür verbreiteten deutsche und tschechische Rundfunkanstalten täglich neue meldungen, die von der internationalen Presse sensationell wiedergegeben und kommentiert wurden.
In Deutschland verfolgte man mit Argwohn die Politik der britischen Regierung unter Premierminister Neville Chamberlain, der sichtlich bemüht war, die politische Einkreisung des Reiches zu vollziehen. Er untersützte hierbei, diplomatisch unsichtbar, die Bestrebungen Moskaus, Prags und Paris, den Deutschen endgültig ein politisches und militärisches „Halt" zu signalisieren. Der „Mann mit dem Regenschirm", wie Chamberlain allgemein genannt wurde, verstand es meisterlich, seine britischen Aktivitäten zu verdecken. Die Politik des „Gleichgewichts der Kräfte" war seine Devise. Das neugeschaffene Großdeutsche Reich erschien ihm zu stark. In der Stunde der tiefsten alliierten Not neigte der britische Premier später auf der Münchener Konferenz zum noch gerade tragbaren Kompromiß, ohne die politische und militärische Einkreisung des Deutschen Reiches aus den Augen zu verlieren.
Am 15. September 1938 besuchte Neville Chamberlain den deutschen Reichskanzler in Berchtesgaden. Dramatische Zwischenfälle in der Tschechoslowakei verfinsterten das Bild in dieser Ecke Europas. Von Tag zu Tag gärte es mehr. Die Lunte lag am Pulverfaß. Die Sudetendeutschen forderten Autonomie und die Verwirklichung des „Selbstbestimmungsrechts der Völker". Bereits 8 Tage später, in der Zeit vom 22. bis 24. September 1938, traf sich Hitler nochmals mit dem englischen Premierminister in Bad Godesberg, der ihm die Entscheidung des britischen Kabinetts über das geforderte

Selbstbestimmungsrecht der Sudetendeutschen mitteilen wollte. Chamberlain hatte in diesen acht Tagen in sehr schwierigen Verhandlungen erreicht, daß London, Paris und sogar Prag einer Abtretung des Sudetenlandes an Deutschland grundsätzlich zustimmten. Dies allerdings erst nach einer gewissen Zeit. London und Paris wollten danach für die neue deutsch-tschechische Grenze eine Garantieerklärung abgeben, während das Reich anschließend mit der Tschechoslowakei einen Nichtangriffspakt vereinbaren sollte. Hitler gab sich mit weiterem Abwarten nicht zufrieden und forderte den sofortigen Anschluß der sudetendeutschen Gebiete an das Reich. Eine zeitliche Verzögerung kam für ihn nicht mehr infrage. Als man in Prag von diesem Stadium der Verhandlungen erfuhr, verkündete man dort die allgemeine Mobilmachung. Man war sich zu diesem Zeitpunkt klar darüber, daß Hitler das Sudetenland mit Gewalt an sich reißen würde und bereitete den militärischen Widerstand vor. Die Provokationen der Tschechen nahmen von Stunde zu Stunde zu. Hitler forderte ultimativ und zielbewußt die Übergabe des Sudetenlandes zum 28. September 1938, 14 Uhr. Chamberlain war über diese Verhandlungsart Hitlers sehr verärgert, da der britische Premier seine hoffnungsvollen Friedensbemühungen als gescheitert ansah. Der 28. September 1938 stand vor der Tür. Die deutsche Reichsregierung war willens, die sudetendeutsche Frage durch Annexion zu lösen, auch wenn Paris seine Beistandsverpflichtung gegenüber Prag einlösen würde und London, was sicher war, Frankreich hierbei unterstützen sollte. Die Reichskanzlei in Berlin glich in diesen Tagen einem einzigen Bienenschwarm. Man gab sich gegenseitig die Türklinken in die Hand. Hier wurde über Krieg oder Frieden entschieden. Die in Deutschland akkreditierten Botschafter der Alliierten, François-Poncet, Henderson und Attolico, redeten auf Hitler ein, den Weg des Friedens zu wählen. Mussolini ließ, 2 Stunden vor Ablauf des deutschen Ultimatums, an Hitler eine Botschaft übergeben, daß er, der Duce, bereit sei, in der sudetendeutschen Frage zu vermitteln. London sei damit einverstanden. Hitler stimmte zu. Es kam zur Münchener Konferenz, die in der Zeit vom 29. bis 30. September 1938 tagte. An ihr nahmen teil: Hitler, Chamberlain, Mussolini und Daladier, der damalige französische Ministerpräsident. Mussolinis Vertragentwurf wurde nach hitzigen Debatten der Konferenzteilnehmer schließlich von diesen angenommen. Gegen 2 Uhr morgens am 30. September 1938 wurde das Münchener Abkommen unterzeichnet. Das Sudetenland schied am 1. Oktober 1938 aus dem tschechischen Staatsverband aus. Frankreich und England setzten ihren Prager Verbündeten unter erheblichen Druck, um den Frieden zu retten, erlitten aber in den Augen der Weltöffentlichkeit einen gravierenden und beschämenden Prestigeverlust.

In Deutschland atmete die Bevölkerung befreit auf. Ihr Vertrauen zu Adolf Hitler wuchs. Bereits am 29. Oktober 1938 tagte im Wiener Schloß Belvedere ein deutsch-italienisches Schiedsgericht, das die Grenzen zwischen Ungarn und der Rest-Tschechoslowakei zugunsten Ungarns neu festlegte. Diese Revision wurde von Hitler in der Münchener Konferenz gefordert und durch die Wiener Tagung vollzogen. Den Schwächezustand der Tschechoslowakei ausnutzend, griff Polen nach dem tschechischen Olsa-Gebiet und verleibte es sich ein. Die deutsche Reichsregierung legte hiergegen kein Veto ein in der Hoffnung, daß die Frage des „polnischen Korridors" und Danzigs dadurch zwischen Berlin und Warschau friedlich geregelt werden könne. Am 6. Dezember 1938 wurde im Uhrensaal des Quai d'Orsay zu Paris zwischen Ribbentrop und dem französischen Außenminister Bonnet eine deutsch-französische Nichtangriffserklärung unterzeichnet, in der beide Staaten „die zu diesem Zeitpunkt verlaufende gemeinsame Grenze" feierlich anerkannten. Damals war ich 18 Jahre alt und hatte in diesen krisenhaften Tagen der Weltgeschichte das unbedingte Gefühl dafür, daß die Völker Europas, bedingt durch das Münchener Abkommen, in letzter Minute vor dem Abgrund des Krieges gerettet wurden. Auch in Frankfurt am Main, meiner Vaterstadt, atmeten die Leute befreit auf, die noch Tage vorher zu Hunderten in der City stundenlang vor Radiogeschäften die neuesten Krisenmeldungen fieberhaft entgegennahmen und eigentlich überzeugt waren, daß der Krieg nicht mehr zu verhindern sei.

Nachdem in Paris der deutsche Botschafter vom Rath in der deutschen Botschaft vom jüdischen Jugendlichen Herrschel Grünspan durch Pistolenschüsse ermordet wurde, schlug diese Meldung in Berlin und im gesamten Reichsgebiet wie eine Bombe ein. Die Stimmung war nur zu vergleichen mit dem Berliner Reichstagsbrand von 1933. Damals schaltete Hitler die Kommunisten aus. Der gesamte Propaganaapparat der staatstragenden NSDAP wurde eingesetzt, um dem Volk über Rundfunk und Presse klarzumachen, daß dieser kriminelle Mordanschlag eine Verschwörung des internatio-

nalen Weltjudentums gegen das Deutsche Reich sei. Von nun an, ab November 1938, setzten systematisch die Judenverfolgungen ein. Man unterschied zwischen Arier und Nichtarier. Jeder Jude mußte in der Öffentlichkeit den gelben Davidsstern tragen. Jüdische Geschäfte wurden boykottiert. Es kam zur „Reichskristallnacht", in der in vielen Städten und Gemeinden jüdische Läden zertrümmert wurden. Die jüdischen Mitbürger unseres Landes getrauten sich kaum noch auf die Strasse. Anpöbeleien standen auf der Tagesordnung. „Juden raus", hieß es. Besonders die Parteiblätter der NSDAP – voran „Der Stürmer" und der „Völkische Beobachter" – beeinflußten in starkem Maße die Masse des Volkes, aber auch zahlreiche sogenannte „Intellektuelle". Von der „Herrenrasse" war die Rede und auf der anderen Seite von „jüdischen Schmarotzern". Aufgrund dieser Entwicklung wanderten – besonders 1938 – viele Juden aus, hauptsächlich nach Nordamerika. Dort bildete sich eine „Anti-Hitler-Strömung", die beherrscht war vom jüdischen Kapital und von amerikanischen Regierungskreisen begünstigt wurde. Zweifelsohne, und dies wusste und verspürte auch jeder deutsche Staatsbürger, hatten die Juden in den zwanziger Jahren bis etwa Mitte der dreißiger Jahre sehr großen Einfluß auf den deutschen Kapitalmarkt. Sie traten damals überall vorwiegend als Geldgeber auf und forderten von der Masse der Armen unerträglich hohe Zinsen. Hitler nannte dies „Zinsknechtschaft", und die Beseitigung dieses Zustandes war sein programmatisches Ziel, was er letztendlich auch verwirklichte.
Die autark gewordene Wirtschaft ließ am Markt kein amerikanisches Engagement mehr zu. Andererseits ver-

wehrte die USA dem Reich die Lieferung lebenswichtiger Rohstoffe. Erstmals nach dem 1. Weltkrieg hatten wir ein gespanntes bilaterales Verhältnis in wirtschaftlicher und politischer Hinsicht mit Amerika. Hitler hielt es für angebracht, den Lebensraum des deutschen Volkes nach Osten hin zu erweitern und auch darauf hinzuarbeiten. Dies deshalb, um die Ernährung des Reiches sowie die dringend erforderliche Rohstoffbasis sicherzustellen. Die letzten Überbleibsel des Versailler Vertrages – das von Deutschland abgetrennte oberschlesische Kohlenreviert, der polnische Korridor sowie Danzig – sollten mit Polen und den Westmächten England und Frankreich vertraglich geregelt werden.
Am 26. und 27. Januar 1939 besuchte Ribbentrop den polnischen Außenminister Beck in Warschau. Er wurde dort, vom äußeren Rahmen her, sehr freundlich empfangen. Die Gespräche jedoch verliefen sehr schwierig. Das deutsche Angebot sah vor, daß Danzig dem Reich wieder angegliedert werden sollte, und daß die polnischen Wirtschaftsinteressen in dieser Stadt vertraglich abgesichert werden würden. Außerdem sollte durch den polnischen Korridor hindurch eine exterritoriale Autostraße gebaut werden, um die Verbindung zwischen Ostpreußen und dem Reichsgebiet sicherzustellen. Dafür war Hitler bereit, die deutsch-polnische Grenze zu garantieren. Der polnische Außenminister Beck lehnte das deutsche Angebot entschieden ab, so daß es auch hier zu einer Verhärtung der politischen Fronten kam. Warschau honorierte also keinesfalls Berlin gegenüber die von deutscher Seite nach dem Münchener Abkommen geduldete Einverleibung des tschechischen Olsa-Gebietes in den polnischen Staat.

Obwohl Hitler dem britischen Premier Neville Chamberlain als auch Daladier gegenüber bei und nach Abschluß der Münchener Konferenz erklärte, daß keinerlei territoriale Forderungen vonseiten des Reiches mehr gestellt würden, bestellte der Reichskanzler am 15. März 1939, nachts um 1 Uhr, den Nachfolger Beneschs, den tschechischen Staatspräsidenten Dr. Hacha, sowie dessen Außenminister Chvalkovsky zu einer dringenden Besprechung in die Reichskanzlei zu Berlin. In dieser Nacht beschloß Hitler, den tschechischen Staat zu liquidieren. Dieser war im Zustand des Verfalls, da die Slowakei inzwischen ihre völkische Unabhängigkeit ausrief. Hacha und Chvalkovsky wehrten sich vergeblich gegen das Ziel Hitlers, das Protektorat Böhmen und Mähren zu errichten und unter deutschen Schutz zu stellen. Letzendlich glaubten sie aber, daß es besser sei, den Schutz Böhmens und Mährens dem mächtig gewordenen Deutschen Reich anzuvertrauen als sich auf das unentschlossene Frankreich und das schwankende England zu verlassen. Das Zustandekommen des Münchener Abkommens warnte die Tschechen davor, einen anderen Schritt zu unternehmen. Die nächtlichen Verhandlungen in der hell erleuchteten Reichskanzlei endeten am 15. März 1939, morgens gegen 4 Uhr. Der tschechische Staatspräsident Dr. Hacha unterschrieb eine Erklärung, daß er „das Schicksal seines Volkes vertrauensvoll in die Hände des Führers" lege. Das Reichsprotektorat Böhmen und Mähren war geschaffen. Gegen 5 Uhr morgens, am 15. März 1939, erfolgte der bereits vorbereitete Einmarsch der deutschen Truppen in das tschechische Gebiet. Auf dem Hradschin in Prag wehten die Farben des Reiches.

In London und Paris verschlug es den Politikern die Sprache. Sie erstarrten im Zorn. „Bis hierher und keinen Schritt weiter", hieß es dort. Man war sich in den Hauptstädten des Westens einig, daß Hitler gestoppt werden müsse. Das Versailler Friedensdiktat war nur noch ein Fetzen Papier, das vom Wind der Geschichte hinweggefegt war. Großdeutschland war eine politische und geographische Realität geworden. Ein Magnet, der auch die Völker Südosteuropas an sich zog. Die ehemals „Kleine Entente" (Rumänien, Bulgarien und Jugoslawien) war praktisch für London und Paris gestorben. Die Einkreisungsbemühungen Chamberlains, eingeleitet vor der tschechischen Krise, waren gescheitert. Allerdings sorgte die veränderte Landkarte Europas dafür, daß jetzt zwischen London und Paris ernsthafte Verhandlungen darüber einsetzten, Rumänien und Polen vor dem Zugriff Hitlers zu schützen. Man war überzeugt, daß Hitler, die erwiesene Schwäche der Westmächte ausnutzend, überfallartig die polnische Frage auf seine Art lösen wolle. In Frankreich wurde die für unüberwindlich gehaltene Maginot-Linie ausgebaut. In Deutschland begannen die Arbeiten am Westwall. Europa war in tiefstem Maße beunruhigt. Jeder hatte das Gefühl, daß ein neuer Krieg bevorstehe. Die Rüstungsindustrie arbeitete auf Hochtouren. Gewaltig die inzwischen geschaffene deutsche Militärmaschine: modernste Kampfflugzeuge, ein unübersehbares Heer von Panzern und eine starke U-Boot-Flotte. Das Reich war gerüstet. Der Westen hatte zu diesem Zeitpunkt dem nichts Entscheidendes entgegenzusetzen. Vielleicht erklärte sich auch daraus, daß er seine Beistandsverpflichtung der Tschechoslowakei gegenüber nicht einlöste. Dies sollte anders werden. Daladier und Chamberlain schworen es sich gegenseitig.

Die Polenkrise und der Weg zum 2. Weltkrieg
März 1939 – August 1939

Am 26. März 1939 übergab der polnische Botschafter in Berlin, Lipski, eine Note seiner Regierung, in der diese mitteilen ließ, daß eine weitere Verfolgung der deutschen Pläne gegenüber Danzig zum Krieg mit Polen führen werde. Auch Chamberlain, der britische Premierminister, gab Hitler Ende März 1939 mittels eines Memorandums zu verstehen, daß die Bedrohung der polnischen Souveränität durch Deutschland den „casus belli" automatisch auslöse und die „Regierung Seiner Majestät" dann dazu zwinge, der polnischen Regierung militärischen Beistand zu leisten. Eine entsprechende Zusicherung der britischen Regierung an Polen sei bereits ergangen, ebenso eine gleichlautende Garantie Frankreichs an Warschau. Die Reichsregierung kündigte daraufhin den im Jahre 1935 mit England geschlossenen Flottenvertrag auf. Sie fühlte sich nicht mehr daran gebunden.

Die internationale Lage spitzte sich zu. Italien versetzte dem kleinen Albanien Anfang April 1939 den Todesstoß, ermutigt durch die erfolgreich verlaufenden Blitzreaktionen des Reiches. Mitte April des gleichen Jahres allerdings warnten Mussolini und sein Außenminister, Graf Ciano, Hitler zur Vorsicht gegenüber weiter eventuell geplanter Aktionen. Dies im Rahmen einer deutsch-italienischen Besprechung in Rom. Amerika trat nach längerem diplomatischem Schweigen wieder auf die internationale Bühne. Sein Präsident Roosevelt stellte in einer an Hitler und Mussolini gerichteten Botschaft beklagenswert fest, „daß zwei Nationen in Europa und eine in Afrika ihre Unabhängigkeit verloren haben". Gemeint waren Österreich, die Tschechoslowakei und Abessinien. Roosevelt verlangte deutsche Nichtangriffsversprechen gegenüber weiteren europäischen Staaten, besonders hinsichtlich Polen. Lediglich Lettland, Estland und Dänemark erhielten aus den Händen des Reichsaußenministers von Ribbentrop entsprechende deutsche Garantieerklärungen.

In Berlin wurde am 22. Mai 1939 der deutsch-italienische Bündnisvertrag unterzeichnet. Die „Achse Berlin-Rom" war geschaffen. Somit spielte auch der Mittelmeerraum und Italien in den diplomatischen Karten der Westmächte keine positive Rolle mehr. Auf dem Balkon des Palazzo Venezia in Rom sprach der italienische Diktator Benito Mussolini in seiner bilderreichen Sprache vom „Mare Nostrum", „das Mittelmeer den Italienern". Hunderttausende jubelten ihm zu, das Volk und auch besonders die faschistischen Schwarzhemden des Duce. Es war eine theatralische Begeisterung, die auch in Berlin und anderswo ihre Wirkung nicht verfehlte. Die Achsenmächte waren politisch und strategisch auf dem Vormarsch. Während England und Frankreich, wie vorher erwähnt, gegenüber Polen und Rumänien Beistandsversprechen abgaben, führte Großbritannien wieder die allgemeine Wehrpflicht ein. In Osteuropa gärte die polnische Krise. Zeitungen und Radio stellten sie täglich in den Mittelpunkt ihrer Betrachtungen. Italien – im Bündnisvertrag der „Achse" eingebettet – fürchtete den Krieg und bevorzugte friedliche Verhandlungen. Es warnte Hitler vor kriegerischen Unternehmungen in der Polenfrage, da sein Land für den Eventualfall nicht genügend gerüstet sei und höchstens nur einige Monate durchhalten könne. Man war in Rom fest davon überzeugt, daß bei einem Angriff Hitlers auf Polen diesmal die englisch-französischen Garantien gegenüber Warschau von den Westmächten eingelöst würden. Hitler aber glaubte nicht daran und ließ dies die Italiener wissen. Diese steckten letztendlich wieder zurück und vertrauten der militärischen Macht des Reiches.

Im Juli und August 1939 verhandelte eine britisch-französische Kommission wochenlang in Moskau vergeblich um den Abschluß eines Beistandspaktes mit Stalin. Chamberlain wollte, hinsichtlich der Polenkrise, die Einkreisung Deutschlands vollenden. Zu gleicher Zeit, als diese Besprechungen geführt wurden, zog der deutsche Botschafter in Moskau, Graf von der Schulenburg, im Auftrage Ribbentrops seine diplomatischen Fäden. Es gelang ihm, eine Besprechung zwischen dem deutschen Außenminister und Molotow in Moskau zustande zu bringen. Gespannt schaute die gesamte Weltöffentlichkeit auf das für unmöglich Gehaltene. Am 22. August 1939 reiste Ribbentrop mit einer zahlenmäßig starken Verhandlungsdelegation nach Moskau. Er wurde dort auf dem Flughafen sehr herzlich begrüßt. Hakenkreuz wie Hammer und Sichel wehten Seite an Seite bei den Empfangszeremonien. Im Kreml fanden die ersten Besprechungen zwischen Ribbentrop und dem sowjetischen Außenminister Molotow statt, während die englisch-französische Kommission zu diesem Zeitpunkt noch, hartnäckig hoffend, in Moskau weilte, aber unverrichteter Dinge wieder abreisen mußte. Dies war eine Sensation ersten Ranges. Ribbentrop und Molotow unterzeichneten im Kreml am 23. August 1939 einen

Nichtangriffspakt zwischen Deutschland und der Union der Sozialistischen Sowjetrepubliken. Die vertragsschließenden Parteien legten darüberhinaus in einem Geheimprotokoll ihre beiderseitigen Interessensphären in Ost- und Südosteuropa fest. Vertraglich wurde, hinsichtlich Polens, eine Demarkationslinie fixiert, die quer durch diesen Staat verlief und in etwa dem Lauf der Flüsse San, Weichsel und Narew folgte. Die 4. Teilung Polens war also eine abgemachte Sache zwischen den beiden Vertragsschließenden. Stalin nahm teilweise an den Verhandlungen teil. Lettland, Estland und Finnland sollten zur russischen Einflußsphäre zählen, ebenso das rumänische Bessarabien, in welchem ich dann im Jahre 1944 gegen die Rote Armee kämpfte. Als Ribbentrop mit diesen Verhandlungsergebnissen wieder in Berlin eintraf, herrschte in der deutschen Öffentlichkeit Bewunderung und Begeisterung zugleich. Die Weltpresse stand Kopf. Sie hatte ihre Schlagzeilen. In London und Paris fühlte man sich wieder einmal überrumpelt. Die russische Karte stach nicht mehr. Die Absicht der westlichen Alliierten, im Falle einer kriegerischen Auseinandersetzung um Polen, Deutschland in einen Zweifrontenkrieg verwickeln zu können, war vereitelt. Dies war eine diplomatische Meisterleistung. Niemand hatte damit gerechnet. Die seinerzeit kursierenden Schlagwörter vom „westlichen Imperialismus" und vom "dekadenten Kapitalismus" einigten die beiden weltanschaulichen Giganten, die sich ideologisch ansonsten diametral gegenüberstanden, zu einer gemeinsamen Front.

Hitler hatte jetzt strategisch freie Hand gegenüber Polen. Inzwischen gärte es dort erheblich. Besonders in Danzig. Erste Zwischenfälle ereigneten sich täglich.

Später stündlich. Der kriegerische Konflikt lag in der Luft. Chamberlain ließ in einem Brief die deutsche Reichsregierung wissen, daß Großbritannien, unbeachtet des deutsch-sowjetischen Vertrages, seine Beistandsverpflichtungen gegenüber Polen erfüllen werde. Gleichzeitig wies der britische Premier darauf hin, daß die deutschen wie auch die polnischen Emotionen, angeheizt durch die Propagandaapparate beider Mächte, neutralisiert werden müßten. Nur direkte Verhandlungen zwischen den streitenden Parteien könnten die Lage entschärfen und einen neuen Weltkrieg verhindern. Hitler antwortete mit dem Hinweis, daß die deutschen Vorschläge hinsichtlich Danzigs und des Korridors ja vorlägen, Polen aber darüber nicht verhandeln wolle. Bedingt durch die englisch-französische Beistandsverpflichtung im Rücken, terrorisiere der polnische Staat täglich in unverschämter Weise die 1,5 Millionen Deutsche, die auf seinem Territorium leben. Die polnische Frage müsse nun endgültig geregelt werden. In den letzten Augusttagen des Jahres 1939 erschienen fast täglich der französische Ambassadeur Coulondre und der britische Botschafter Henderson im Berliner Auswärtigen Amt, Wilhelmstraße 76. Sie überbrachten Erklärungen und Botschaften ihrer Regierungen.

Am 28. August 1939 übergab Ribbentrop Henderson ein Ultimatum der deutschen Reichsregierung, in welchem gefordert wurde, daß England dafür sorgen solle, daß ein mit Vollmachten versehener polnischer Unterhändler spätestens um Mitternacht des 30. August 1939 in der Reichskanzlei erscheinen solle. Dies war die Antwort Hitlers auf den Vermittlungsversuch Chamberlains. Die britische Regierung wies darauf hin, daß die

Einhaltung der Frist von kaum 24 Stunden für die polnische Regierung schwer, wahrscheinlich überhaupt nicht, realisierbar sei. Italien wußte, daß diesmal der Krieg nicht mehr zu verhindern war. Es wollte trotzdem nochmals vermitteln. Hitler ließ sich darauf nicht ein. Der italienische Botschafter in Berlin, Attolico, übergab dem Reichskanzler einen Brief des Duce, in welchem Mussolini beklagenswert feststellte, daß sein Land nicht kriegsbereit sei. Es fehle vor allem an Rohstoffen und Benzin. Hitler war von seinem Bundesgenossen sehr enttäuscht und dachte an 1914, ließ sich aber in seinen Plänen nicht beirren. Er ließ Rom mitteilen, daß Italien seine beabsichtigte Neutralität geheimhalten solle. Mussolini müsse zum Schein militärische Vorbereitungen treffen, um in London und Paris Nachdenklichkeiten zu erzeugen. Der Duce war damit einverstanden. Das deutsche Ultimatum lief zur mitternächtlichen Stunde des 30. August 1939 ab, ohne daß ein polnischer Unterhändler erschien. Stunden vorher gab es hitzige Auseinandersetzungen zwischem dem britischen Botschafter Henderson und Ribbentrop. Erst am 31. August 1939 sprach der polnische Botschafter in Berlin, Lipski, im Auswärtigen Amt bei Ribbentrop vor und erklärte, mit deutsch-polnischen Verhandlungen sei man einverstanden. Lipski selbst hatte keine Handlungsvollmacht, deutete aber an, daß entsprechende Gespräche in Kürze beginnen könnten. Da das deutsche Ultimatum abgelaufen war und Hitler keine Verzögerung wünschte, wurde die Unterredung schon nach kurzer Zeit von Ribbentrop ergebnislos abgebrochen. Lipski verabschiedete sich und setzte seine Regierung entsprechend in Kenntnis.

Der Polen – Feldzug
und
Der Krieg gegen Frankreich
1.9.1939 – 22.6.1940

Am 1. September 1939, morgens um 5.45 Uhr, überschritten auf Befehl Hitlers die deutschen Truppen die polnisch-deutsche Grenze. Der Einmarsch in Polen begann. Der Führer und Oberste Befehlshaber hatte es so gewollt. Während die deutsche Kriegsmaschine bereits wie geschmiert lief, bemühten sich die Italiener nochmals um die Erhaltung des Friedens, indem sie London und Paris gleichlautende Noten übergaben, in denen sie zwecks Lösung der polnischen Frage eine Konferenz vorschlugen. Am 2. September 1939 verkündeten England und Frankreich die Gesamtmobilmachung ihrer Streitkräfte und betonten, daß die Verhandlungen nur dann geführt werden könnten, wenn die Räumung der inzwischen von deutschen Truppen eroberten polnischen Gebiete durch das Reich unverzüglich erfolge. Andernfalls wäre der Kriegszustand zwischen den Westmächten und Deutschland Realität. Hitler lehnte entschieden ab. Seine Truppen waren in unaufhaltsamem Vormarsch begriffen. Der englische Botschafter Henderson übergab der deutschen Reichsregierung am 3. September 1939 gegen 11 Uhr vormittags „im Auftrag der Regierung Seiner Majestät" die Kriegserklärung Englands an Deutschland. Am gleichen Tage, aber erst gegen 17 Uhr nachmittags, erklärte auch Frankreich dem Deutschen Reich den Krieg. Hitler saß wie erstarrt in der Reichskanzlei zu Berlin und machte Ribbentrop ernsthafte Vorwürfe darüber, daß er ihn über das zu erwartende Verhalten der Westmächte falsch unterrichtet habe. Schon nach 18 Tagen war der Blitzfeldzug gegen Polen siegreich entschieden. Danzig war wieder dem Deutschen Reich einverleibt. Der „polnische Korridor" existierte nicht mehr. Auch Oberschlesien wurde befreit. Die deutschen Kampfverbände standen an jener Demarkationslinie in Polen, die zwischen Stalin und Hitler im Geheimprotokoll vom 23. August 1939 festgelegt wurde. Die Russen marschierten am 18. September 1939 in Polen ein. Deutsche und russische Kampfverbände standen sich aufgrund des abgeschlossenen Nichtangriffspaktes an der fixierten Demarkationslinie freundschaftlich gegenüber. Der 18-Tage-Krieg war erfolgreich beendet. Polen war von der Landkarte Europas hinweggewischt. Seine erneute Teilung war vollendet.

Im Oktober 1939 riet Mussolini in einem an den deutschen Reichskanzler gerichteten Brief dazu, mit den Westmächten zu friedlichen Einigungen zu kommen, den polnischen Staat, wenn auch reduziert, wieder herzustellen und dafür den Kampf gegen Sowjet-Rußland aufzunehmen. Der deutsch-italienische Stahlpakt sei ja im Geiste des Antikomintern-Vertrages zustandegekommen. Er, der Duce, sei bereit, Vermittlungsgespräche mit den Westmächten zu beginnen. Hitler wollte davon nichts wissen. Ihm war der deutsch-russische Nichtangriffspakt zu diesem Zeitpunkt für sein europäisches Konzept wichtiger.

Nachdem Hitler im Osten durch die Russen Rückendeckung hatte – ein Zweifrontenkrieg brauchte also nicht in Erwägung gezogen zu werden –, wurden im Westen, besonders am Westwall, die Stellungen ausgebaut und die strategischen Positionen von deutschen Kampfverbänden bezogen. Es herrschte noch Ruhe an der Westfront in diesem Herbst und Winter des Jahres 1939. Der Sturm brach noch nicht los. Nur Artilleriefeuer hüben und drüben. Beobachtungsflugzeuge überflogen die noch ruhige Front. Aufklärungstätigkeit. Das Kampfgeschehen erstarrte. Keiner wagte vorerst den Bewegungskrieg. Dies aus taktischen Gründen. Man brauchte beiderseits Zeitgewinn, um den Truppenaufmarsch der Giganten nach rein strategischen Erkenntnissen zu vollenden. Unausdenkbar war, was passieren würde, wenn die beiderseitgen Fronten aus der Erstarrung zum Angriff übergehen würden. Ob Maginotlinie und Westwall standhielten? Sollte hierüber bereits im Frühjahr 1940 auf den Schlachtfeldern entschieden werden? Keiner wußte es. Nur die Generalstäbe der westlichen Alliierten sowie das dem Führer unterstehende Oberkommando der deutschen Wehrmacht schmiedeten ihre geheimgehaltenen Pläne. Nichts drang an die Öffentlichkeit.

Im Februar 1940 traf überraschend der Abgesandte Roosevelts, Staatssekretär Sumner Welles vom Amerikanischen Außenamt, in Europa ein. Er besuchte London, Paris, Berlin und Rom. Seine Reise war geheimnisumwittert, jedoch darauf ausgerichtet, bei den kriegsführenden Parteien und im noch neutralen Rom an die Notwendigkeit der Erhaltung des Friedens in Europa zu appellieren. Seine vom amerikanischen Außenminister Cordell Hull gesteuerte Mission endete jedoch ergebnislos. Am 3. März 1940 verließ er Berlin. Die letzte Chance für die Wiederherstellung des Friedens war vertan. Sowohl die Westmächte als auch die deutsche Reichsregierung waren für die Fortführung des begonnenen Krieges. Hitler traf sich am 18. März 1940 mit Mussolini auf dem Brenner, an der gemeinsamen deutsch-italienischen Grenze. Es gelang ihm, aufgrund seiner politischen und militärischen Erfolge, den Duce endgültig auf seine Seite zu ziehen, jedoch machte Mussolini in aller Freundschaft darauf aufmerksam, daß der Zeitpunkt für den Kriegseintritt und militärischen Beistand noch nicht da sei, daß aber das faschistische Regime seine Bündnistreue mit Sicherheit in Kürze unter Beweis stellen werde. Ansonsten verbarg Hitler in dieser Brenner-Besprechung dem Duce gegenüber seine weiteren militärischen Pläne. Sein Mißtrauen zu Italien war erheblich, er ließ es sich aber nicht anmerken.

Die deutsche Reichsregierung gelangte in den Besitz von geheimen Unterlagen von Alliierten, aus denen hervorging, daß britische und französische Truppen am 8. April 1940 zum skandinavischen Festland übergesetzt werden würden, um in Norwegen den Erzhafen Narvik sowie die Städte Stavanger, Bergen und Drontheim zu besetzen. An Schwedens Grenze sollte Halt gemacht werden. Gleichzeitig wurde die britische Admiralität beauftragt, danach die norwegische Küste zu verminen. In einer Blitzreaktion ließ Hitler am 9. April 1940 frühmorgens deutsche Truppenverbände Dänemark und Norwegen besetzen. Er vereitelte damit die Pläne der Alliierten. Diese waren wieder einmal von der Reaktionsschnelligkeit des Reiches geschockt. Der Landung deutscher Truppen in Dänemark und Norwegen ging eine an diese beiden neutralen Staaten in der Nacht vom

8. zum 9. April 1940 gerichtetes deutsches Memorandum voraus, in welchem den zwei nordischen Staaten mitgeteilt wurde, daß England in den nächsten Stunden beabsichtige, ihre beiden Länder zu besetzen. Die kriegführenden Parteien beschuldigten sich gegenseitig, die norwegische und dänische Neutralität verletzt zu haben. Mit Sicherheit bedauerte es die Seemacht Großbritannien zutiefst, im zeitlichen Wettlauf mit dem Reich die Nordflanke Europas nicht an sich gerissen zu haben. Eine strategisch wertvolle Waffe vor der deutschen Nordseeküste wurde London aus der Hand geschlagen. Vergeblich versuchte Großbritannien danach, in Norwegen zu landen und Stützpunkte zu errichten. Alle diesbezüglichen Landungsverusche wurden von Heer, Marine und Luftwaffe zurückgewiesen.

Verblüfft starrte in diesen Frühlingstagen des April 1940 die Weltöffentlichkeit auf die nicht endenwollenden Erfolge des Dritten Reiches. Auch die Gegner Hitlers waren zutiefst beeindruckt. Die sowjetrussische Regierung feierte im Kreml ihren unblutig errungenen Triumph mit der Einverleibung Ostpolens in ihren Staatsverband.

Was die Verhältnisse damals in Frankfurt am Main anbelangte, wäre zu erwähnen, daß die Stimmung im Volk sehr gut war. Von Pessimismus war nichts zu spüren. Ich war seinerzeit 20 Jahre alt und in einem chemischen Betrieb als Export-Sachbearbeiter und Fremdsprachenkorrespondent tätig. Die Industrie arbeitete auf Hochtouren, besonders die Rüstungsindustrie. Aber auch der Handel blühte, ohne daß der Kriegszustand ihn wesentlich beeinflußte. Arbeitslosigkeit existierte nicht mehr. Die Exportgeschäfte liefen besonders gut mit den südosteuropäischen Staaten. Hier waren Auftragseingänge immer sicher, da das Reich als naheliegender Magnet fungierte, während die Westmächte praktisch dieses Handelsterritorium aufgeben mußten. Es war für sie nicht mehr erreichbar. In der Rüstungsindustrie wurden wichtige Arbeitskräfte vom Kriegsdienst zurückgestellt. Sie blieben in den Fabriken und Kontoren der Heimat. Man konnte auf sie zuhause nicht verzichten. Die Masse der jüngeren Leute aber hielt es nicht mehr. Unzählige meldeten sich freiwillig in den Krieg, zur Rekrutierung. Erstaunlich war, daß im Jahre 1940 der Staat es sich noch leisten konnte, 80% der Freiwilligen nicht anzunehmen. Sie kehrten zurück an ihre Arbeitsstelle und warteten auf ihre ordentliche Einberufung.

An der Westfront gab es nur Stellungskrieg. Im Osten hatten wir den Rücken frei. Die Nordflanke (Norwegen und Dänemark) war gesichert. Im Mittelmeerraum wachte das faschistische Italien über die Respektierung seiner Interessen. Noch nie in der deutschen Geschichte war die strategische Ausgangsposition des Reiches so günstig wie in diesen Frühjahrstagen des Jahres 1940.

Wie ein Blitz aus heiterem Himmel erteilte der Führer und oberste Befehlshaber dem Oberkommando der Wehrmacht in der Nacht zum 9. Mai 1940 den Befehl, frühmorgens am 10. Mai 1940 den Westfeldzug gegen Frankreich und England zu beginnen. Einige Stunden vorher unterrichtete der deutsche Außenminister, Freiherr von Ribbentrop, mittels eines Memorandums die holländische und belgische Regierung davon, daß zur „Aufrechterhaltung von deren Neutralität" deutsche Truppen diese Neutralität mit militärischen Mitteln sicherstellen würden, indem die deutsche Reichsregierung den Durchmarschbefehl durch beide Staaten erteilt habe. Deutschland sei nicht gewillt, daß der Krieg von den Westmächten über Belgien und die Niederlande in das deutsche Territorium hineingetragen würde. Am 10. Mai 1940 begann, wie befohlen, der deutsche Vormarsch an der gesamten Westfront. Schon nach einigen Tagen war Holland besetzt. König Leopold von Belgien kapitulierte ebenfalls mit seiner Armee. Brüssel war unzerstört in deutscher Hand. Man benötigte auf deutscher Seite das belgische Territorium, damit die Verwirklichung des von Hitler operativ geforderten und leicht veränderten Schlieffen-Planes realisierbar war. An der Kanalküste, in der Nähe von Calais, sollten Franzosen und Engländer getrennt werden, um so eine schnelle Kriegsentscheidung herbeizuführen. Der Plan des ehemaligen Generalstabschef von Schlieffen konnte im 1. Weltkrieg 1914-1918 vom deutschen Oberkommando nur bedingt durchgeführt werden, da der damalige Zweifrontenkrieg seine 100%ige Realisierung, nach anfänglichem Erfolg, nicht bringen konnte. 1940 dagegen war die strategisch-militärische Ausgangslage für den Schlieffen-Plan unbestreitbar besser. Hitler erkannte dies. Die operativen Gedanken des ehemaligen Generalfeldmarschalls übernehmend, „machte er den rechten Flügel stark", ließ über Belgien starke Truppenverbände mit erheblichen Panzerkräften an die französische Kanalküste im Eiltempo vorstoßen und zwang die Engländer, bei Dünkirchen Hals über Kopf das französische Festland fluchtartig zu verlassen. Die Schlieffen'sche Zangenbewegung war restlos geglückt. Sie konnte nur, wie gesagt, von belgischem Territorium aus gelingen. Ohne Hilfe

der geflüchteten Engländer, allein dastehend, wurden die französischen Truppen durch die intakte und moderne deutsche Militärmaschine zurückgedrängt. Trotz der für uneinnehmbar gehaltenen, stark befestigten Maginot-Linie, die mit Hilfe deutscher Reparationszahlungen nach 1919 von den Franzosen erbaut wurde. Der Bewegungskrieg in Frankreich war in vollem Gange. Paris wurde kampflos und unzerstört besetzt. Die französische Regierung flüchtete nach Bordeaux. Die Überlegenheit der deutschen Luft- und Panzerstreitkräfte, verbunden mit einer sehr disziplinierten und schlagkräftigen Infanterie, führte dazu, daß der Krieg für Frankreich schon Anfang Juni 1940 aussichtslos verloren war. Unzählige französische Soldaten gerieten in deutsche Gefangenschaft und wurden ins Reichsgebiet zum Arbeitseinsatz überführt. Das britische Expeditionskorps überquerte den Ärmelkanal und landete geschlagen und dezimiert auf der englischen Insel. Mussolini witterte die einmalige Chance Italiens, zu diesem Zeitpunkt, bewußt noch vor der französischen Kapitulation, in den Krieg einzutreten in der Hoffnung, die französische Riviera, nämlich die Mittelmeerküste zwischen Nizza, Toulon und Marseille, unblutig abgetreten zu erhalten. Gleichzeitig spekulierte das faschistische Italien auf die bedeutsame französische Flotte, die hauptsächlich im Hafen von Toulon stationiert war. Am 10. Juni 1940 übergab der italienische Außenminister Graf Ciano seinem französischen Amtskollegen in Rom die Kriegserklärung seines Landes an die französische Republik.
Inzwischen übermittelte das spanische Außenministerium im Auftrag der nun in Bordeaux residierenden fran-

zösischen Regierung ein Waffenstillstandsgesuch Frankreichs an Deutschland, was zu einer Besprechung Zwischen Hitler und Mussolini führte. Der Duce verlangte in diesem Gespräch, an den Waffenstillstandsverhandlungen mit Frankreich beteiligt zu werden. Ausserdem foderte er die Übergabe der französischen Flotte an Italien. Beide Wünsche des faschistischen Diktators lehnte Hitler entschieden ab. Dies nicht zuletzt deshalb, weil er fürchtete, daß ansonsten die Franzosen ihre Seestreitkräfte rechtzeitig den Engländern übergeben würden. In der Flottenfrage sollte ein gewisser status quo erhalten bleiben. Darüberhinaus war Hitler nicht gewillt, Frankreich einen unehrenhaften Waffenstillstand aufzudiktieren. Er dachte an die Folgen von Versailles, die letztendlich, geschichtlich gesehen, zur eigentlichen Kriegsursache wurden. Extreme Revanche hielt man im Führerhauptquartier nicht für angebracht. Es kam am 22. Juni 1940 im historisch gewordenen Wald von Compiègne zu den deutsch-französischen Waffenstillstandsverhandlungen, und zwar in dem gleichen an der Waldlichtung stehenden hölzernen Speisewagen, in welchem im November 1918 der deutsch-französische Waffenstillstand unterzeichnet worden war. Nur 22 Jahre später also die gleiche weltgeschichtliche Zeremonie, jedoch mit umgekehrten Vorzeichen.
Leiter der französischen Waffenstillstands-Delegation war General Huntziger. Verhandlungsführer der Deutschen war Generalfeldmarschall Keitel, Chef des Oberkommandos der deutschen Wehrmacht, der nach Abschluß der Nürnberger Prozesse 1945 hingerichtet wurde. Mit Zustimmung des französischen Oberbefehlshabers, General Weygand, unterzeichnete am 22. Juni

1940 Huntziger, mit Tränen kämpfend, die Kapitulation der französischen Armee sowie die Waffenstillstandsbedingungen, die im Wesentlichen folgendes beinhalteten: Kampfruhe, Waffenniederlegung, Errichtung einer von deutschen Truppen zu besetzenden Zone Frankreichs und einer unbesetzten Zone. Rückgabe Elsaß-Lothringens an Deutschland. In diesen Konditionen war auch die deutsche Zusicherung enthalten, daß kein Anspruch auf Übergabe der französischen Kriegsmarine erhoben wird. In der unbesetzten Zone Frankreichs, die sich etwa von Mittelfrankreich aus zum Süden des Landes erstreckte, installierte sich in Vichy von 1940 bis 1944 die französische Regierung unter Staatschef Marschall Pétain und seinem deutschfreundlichen Ministerpräsidenten Pierre Laval. Die am 12. Juli 1940 zusammengetretene französische Nationalversammlung liquidierte die 3. Französische Republik und übertrug dem greisen Marschall Pétain in Vichy die Regierungsverantwortung.

Wiener Schiedssprüche und der Dreimächtepakt August/September 1940

Bedingt durch die Blitzsiege des Reiches über die französischen und englischen Armeen, wandelte sich der französische Außenminister Graf Ciano, der Verwandte Mussolinis, vom Saulus zum Paulus. Machthungrig geworden, und jetzt an den Sieg Deutschlands glaubend, forderte er in einem Gespräch mit Hitler die italienische Annektion von Korsika, Malta, Nizza, Tunis und sogar von weiteren erheblichen Teilen Nordafrikas. Ohne dabei rot zu werden, trug Ciano die italienischen Wünsche vor. Hitler ignorierte sie. Er war nicht willens, mitten im Daseinskampf des Deutschen Reiches ein römisches Imperium zu gründen.

Stattdessen dachte Adolf Hitler an eine Stabilisierung im südosteuropäischen Abschnitt. Dort herrschte Unruhe zwischen Ungarn und Rumänien. Streitpunkt war das zum rumänischen Staatsgebiet gehörende Siebenbürgen, das von Ungarn zurückverlangt wurde, weil es Teil Ungarns vor dem 1. Weltkrieg war. Hitler berief zum 30. August 1940 erneut die Wiener Konferenz ein, die unter Leitung von Ribbentrop und Ciano tagte. Hier im Schloß Belvedere wurde entschieden, daß die Hälfte Siebenbürgens an Ungarn fallen sollte. Um die Sympathie Rumäniens nicht zu verlieren, übergab Ribbentrop dem rumänischen Außenminister Manoilescu eine Note, in der zum Ausdruck kam, daß Deutschland und Italien gemeinsam im Hinblick auf die nunmehr neu erfolgte ungarisch-rumänische Grenzziehung die Unverletzlichkeit des rumänischen Staatsgebietes garantieren würden. Hitler sicherte sich mit diesem sehr geschickten Schachzug die Öllieferungen aus Rumänien. Rußland reagierte, sehr verhalten, ärgerlich. Die Ruhe in Südosteuropa war Hitler in jenen Augusttagen des Jahres 1940 wichtiger als der zeitlich zurückgestellte Plan, die britische Insel anzugreifen, in England zu landen und vorher die britische Flotte zu zerstören. Ausgesprochen schlechtes Wetter über der Insel hinderte ihn daran. Südosteuropa hatte deswegen in seinen strategischen Plänen Vorrang.

In Spanien hatte der Caudillo, General Franco, innenpolitisch nach Abschluß des spanischen Bürgerkrieges die Fäden fest in der Hand. Das Chaos war dort beendet und wich zunehmend einer festen und autoritären staatlichen Ordnung. Zweifelsohne bestanden sehr starke freundschaftliche Bindungen zwischen den Völkern Spaniens, Deutschlands und Italiens. In der deutschen Reichshauptstadt hoffte man, mit General Franco und seinem Land die Achse Berlin-Rom weiter festigen zu können, ja man glaubte an den Kriegseintritt Spaniens an der Seite der Achsenmächte. Der Caudillo schickte seinen Schwager, den spanischen Außenminister Serrano Suner, am 25. September 1940 nach Berlin. Dort kam es zu einer Aussprache mit Hitler, die ergebnislos endete. Spanien wollte unter allen Umständen neutral bleiben. Der politische und diplomatische Druck Englands auf die Pyrenäenhalbinsel war zu stark. Bekanntlich hatte die Seemacht Großbritannien an der Südspitze Spaniens seit 1704 die stark befestigte kleine Halbinsel Gibraltar als Kronkolonie in Besitz. Für England war die Straße von Gibraltar lebenswichtig. Sie ist Verbindungsstück zwischen dem Mittelmeer und dem Atlantischen Ozean und trennt Europa von Afrika. Für die Beibehaltung der Neutralität Spaniens war Großbritannien sogar bereit, der spanischen Regierung bedeutsamen Besitz in Nordafrika (Marokko, Sahara und französisch-Westafrika) in Aussicht zu stellen. Der Caudillo wollte es seinem leidgeprüften Land ersparen, in den Krieg hineingezogen zu werden umsomehr, als er davon überzeugt war, daß das mehr und mehr die politische und militärische Szene beobachtende starke Amerika nicht länger neutral bleiben würde.

Da mit Spanien als militärischem Bündnispartner nicht gerechnet werden konnte, spann die deutsche Diplomatie Fäden mit Japan. Was lag näher, den Söhnen Nippons Führung und Verantwortung im asiatischen Raum zu übertragen? Das japanische Kaiserreich war sehr stark und modern bewaffnet. Es verfügte über eine schlagkräftige Marine und Luftwaffe. Schon am 27. September 1940 kam es in der Reichskanzlei zu Berlin zur feierlichen Unterzeichnung des Dreimächtepaktes zwischen Deutschland, Italien und Japan. Die Achse Berlin-Rom war um Tokio erweitert. Es handelte sich um ein Freundschafts- und Militärbündnis dreier mächtiger Staaten. Italien und Deutschland wurde darin die Führungsrolle in Europa zugesprochen, während Japan für die Neuordnung des asiatischen Raumes zu sorgen hatte. Gleichzeitig übernahmen diese drei Mächte die vertragliche Verpflichtung, „sich gegenseitig militärisch beizustehen, falls einer der drei vertragsschließenden Parteien von einer Macht angegriffen wird, die gegenwärtig nicht in den europäischen Krieg oder in den chinesisch-japanischen Konflikt verwickelt ist". Amerika

55

empfand dies als ernsthafte Drohung der Achsenmächte an seine Adresse. Ebenso Sowjetrußland.

Die „Collaboration" in der besetzten Zone Frankreichs
Oktober 1940 – Januar 1941

Zum 3. Oktober 1940 erhielt ich meine Einberufung zur Wehrmacht. In meiner Heimatstadt Frankfurt am Main hatte ich mich als 20-jähriger Rekrut, wie viele andere meines Jahrganges, beim Infanterie-Regiment 81 zu melden. Wir erlebten auf dem Kasernenhof den ersten militärischen Drill. Die Ausbilder, meist Obergefreite und Unteroffiziere, waren hart und kompromißlos, so wie es im Soldatenleben auf der ganzen Welt zugeht. Intelligenz spielte hier überhaupt keine Rolle. Nur Befehl und Gehorsam. Sogenannte Intellektuelle waren nicht gefragt. Disziplin stand auf der Tagesordnung. Hier wurden weiche Zivilisten zu harten Männern erzogen. Unsoldatische Künstlernaturen beispielsweise, damals ausgesprochene Einzelerscheinungen, waren dem Kasernenbetrieb nicht gewachsen. Sie wurden oft verlacht und verspottet. Der militärische Drill machte sie seelisch und körperlich kaputt. Hier herrsschte allein das Gesetz der Stärke. Rücksichtnahme, wie im Zivilleben, kannte man nicht. Jeder junge Soldat, aus dem bürgerlichen Alltag kommend, macht diese harte Lehre mit. Eine Armee ohne Disziplin und Härte ist ein Widerspruch in sich selbst und im Ernstfall zum Untergang verurteilt. Sie entspräche einem Debattierclub. Seine Diskussionen im Eventualfall wären selbstmörderisch; denn „viele Köche verderben den Brei". Zunächst wurde man bei der Einberufung, noch bürgerlichen Formen wie übertriebender Höflichkeit etc. frönend, als Idealist unbedingt enttäuscht. Nach einiger Zeit erkannte man aber, daß es ohne Disziplin und persönlichen Einsatz nicht weitergehen würde und könnte. Die Unterwerfung unter die Regularien des Militärdienstes war perfekt. Sie war bei jungen Leuten im Prinzip auch nicht zu verhindern. Dies erkannte jede Staatsführung, egal ob sie sich demokratisch nennt oder Diktatur ist. Jugend will insgesamt Leistung. Egal ob im Militärdienst oder im zivilen Leben.

Während wir Rekruten nun auf dem Kasernenhof der Mainmetropole beim Drill erheblich in Schweiß gerieten, erregte die Zusammenkunft Hitlers mit General Franco am 23. Oktober 1940 auf dem spanischen Grenzbahnhof Hendaye erhebliches internationales Aufsehen. Der spanische Staatschef weigerte sich entschieden, in den Krieg einzutreten, und lehnte auch eine Eroberung Gibraltars durch deutsche Truppen und Seestreitkräfte ab. Der spanische Nationalstolz verbiete ihm das. Nur Spanien selbst würde, falls geplant und erforderlich, Gibraltar angreifen und in Besitz nehmen. Im Interesse seines Landes läge es nicht, jetzt gegen England Krieg zu führen. Nur so könne auch Amerika vom militärischen Eingreifen ferngehalten werden. Es stehe außer Zweifel, daß bei einem spanisch-englischen Konflikt um Gibraltar die mächtigen Seestreitkräfte der USA und Großbritanniens gemeinsam an der südspanischen Küste landen würden. Churchill habe dies öffentlich erklärt. Enttäuscht diese Gespräche abbrechend, fuhr Hitler mit seiner Delegation weiter nach dem französischen Montoire, unweit Tours, um dort am 24. Oktober 1940 mit Marschall Pétain und Pierre Laval zusammenzutreffen.

Der greise Marschall und Staatschef der Vichy-Regierung – „Sieger von Verdun" im 1. Weltkrieg – hörte sich, zusammen mit Laval, sehr distanziert, verhalten und kühl die Vorstellungen Hitlers an. Diese mündeten in der Aufforderung, daß Frankreich an der Seite des Reiches aktiv am Kampf gegen England teilnehmen solle. Pétain lehnte entschieden ab. Sein Land könne und wolle sich nicht mehr an Kriegshandlungen beteiligen. Er forderte den baldigen Abschluß eines Friedensvertrages mit Deutschland, damit die 2 Millionen französischen Kriegsgefangenen wieder in ihre Heimat und zu ihren Familien zurückkehren könnten. Die Vichy-Regierung stand auch unter sehr starkem Druck Englands. Der dortige britische Premierminister Winston Churchill drohte beispielsweise mit einer Bombardierung Vichys durch die „Royal Air Force", und General de Gaulle, der in London eine französische Exilregierung bildete, ließ durch geheime Kanäle durchsickern, daß sein erklärtes Ziel die Befreiung Frankreichs sei und er die Absicht habe, die im nordafrikanischen Hafen Oran liegende französische Flotte an sich zu reißen und der britischen Marine zu unterstellen. Pétain blieb ein hartnäckiger Verhandlungspartner. Er vertraute unbedingt auf den oft sehr wichtigen Faktor „Zeit". Laval sagte abschließend der deutschen Verhandlungsdelegation zu, dafür öffentlich einzutreten, daß eine effektive deutsch-französische Zusammenarbeit, die „Collaboration", auch im Hinblick auf England, zustandekäme. Pétain war entschiedener Gegner einer zu engen deutsch-französischen Zusammenarbeit. Er sorgte dafür, daß Anfang Dezember 1940 Admiral Darlan die Nachfolge Pierre Lavals antrat. Darlan, als englandfeindlich bekannt, hatte, ehemaliger Oberbefehlshaber der französischen Marine, die besondere Aufgabe, zu verhindern, daß seine Flotte im Hafen von Oran aufs offene Meer ausbrach und den Engländern zugespielt würde. Ein sehr schwieriges Unterfangen, wie sich später herausstellen sollte.

Unberührt vom Atem der Zeitgeschichte und den vorstehend geschilderten Ereignissen, schluckte ich in Frankfurt am Main an der Friedberger Warte noch den Kasernenstaub. Da verkündete eines Tages, Mitte Oktober 1940, der Regimentskommandeur seinen Soldaten, daß wir in Kürze in die Bayern-Kaserne nach Metz in Lothringen verlegt würden, dort unseren letzten „Schliff" bekämen und anschlließend, von der Division dafür ausersehen, als Wachregiment in Paris eingesetzt werden würden. Die Rekrutenzeit war also vorbei. Es herrschte unbeschreiblicher Jubel unter den Soldaten und Offizieren. Niemand von uns hatte je daran geglaubt, daß eine solch repräsentative Aufgabe in der Lichterstadt an der Seine gerade uns widerfahren würde. Dies nach dem deutschen Sieg und dem französischen Zusammenbruch im Juni 1940. Diese geschichtlichen Ereignisse waren noch taufrisch. Vergangenheit und Gegenwart gaben sich die Hand. Wir waren überglücklich.

Das Wachregiment – Infanterieregiment 378 – zog Anfang November 1940 in Paris ein. Im Handelsmarineministerium, gegenüber École Militaire, der Kriegsschule Napoleons I., bezogen wir Unterkunft. In unserem Blickfeld lag das „Champs de Mars", auf dem 1937 die Weltausstellung stattfand. Léon Blum war damals französischer Ministerpräsident. Auch der 300 Meter

hohe Eiffelturm befand sich in unserer Sichweite. Das repräsentative Wachregiment begann seinen Dienst. Es stellte seine Wachen vor den Invalidendom, dem ehemals französischen Außenministerium am Quai d'Orsay (Ministre des Affaires 'Etrangères), vor der detuschen Botschaft, der tschechischen Gesandtschaft und vor dem damals größten Hotel Europas, dem Hotel RITZ am Place Vendome, in welchem meist die Gespräche und Vehandlungen zwischen der deutschen Besatzungsmacht und französischen Behörden stattfanden. Zur „Großen Wache" marschierte das Wachregiment durch die mehrere Kilometer lange „Champs Elysées", um in der Avenue Maréchal Foch vergattert zu werden. Anschließend erfolgte der Parademarsch um den „Arc de Triomphe" (Triumphbogen) herum, vor dem am „Grabmal des Unbekannten Soldaten" (soldat inconnu) zu dessen Ehren das „ewige Feuer" brannte. Bei diesem täglichen Zeremoniell wurden von deutscher Seite jeweils Kränze niedergelegt. Nicht zuletzt zu Ehren Napoleons, dessen Siege im Triumphbogen eingemeißelt sind. Die französische Hauptstadt machte auch noch nach der 5 Monate zurückliegenden Kapitulation Frankreichs den Eindruck einer absoluten Weltstadt. Sie faszinierte uns und zog uns in ihren Bann. Wenn kein Wachdienst zu leisten war, benutzte ich meine Freizeit dafür, Paris und auch das französische Volk, besonders seine Seele, kennenzulernen. Meine französischen Sprachkenntnisse kamen mir hierbei sehr zugute. Jeden Tag las ich den „Figaro", eine damals eher bürgerliche Zeitung.
Anfang Dezember 1940 stand ich vor dem Invalidendom Wache. Anlaß dazu war die von der deutschen

Reichsregierung angeordnete Überführung des Sarkophags des Herzogs von Reichstadt vom Wiener Stephansdom in den Dom des Invalides in Paris. Das französische Volk verehrte den Sohn Napoleons. An der Seite seines Vaters, des großen Korsen, wurde er jetzt beigesetzt. Der letzte Wunsch Napoleons kurz vor seinem Tode wurde somit erfüllt. Ein geschickter psychologischer Akt Hitlers, der die nach wie vor national gesonnenen Franzosen begeistert aufhorchen ließ und die deutsch-französische „Collaboration" damit effektiv einleitete. Zumindest in der besetzten Zone Frankreichs. Mit präsentiertem Gewehr vor dem Haupteingang des Invalidendomes stehend, erlebte ich hautnah die Ankunft der deutschen und der französischen Ehrendelegationen. Der Deutschland gegenüber sehr distanzierte Marschall Pétain ließ sich an diesem bedeutsamen Dezembertag des Jahres 1940 durch Admiral Darlan vertreten. Von deutscher Seite nahmen Reichsmarschall Göring und unser Botschafter in Paris, Otto Abetz, teil. Der Invalidendom ist 106 Meter hoch und hat eine vergoldete Kuppel. In einem Sarkophag aus ägyptischem Holz ruhen die Gebeine Kaiser Napoleons. Der Sarg des französischen Eroberers wird von der „ewigen Sonne" getroffen, deren Lichtstrahlen sich durch ein entsprechend angebrachtes Domfenster über dem Nationalheiligtum der Franzosen vereinigen. Seinerzeit war es Napoleon selbst, der vor seinem Tode den Wunsch äusserte, daß er „inmitten des französischen Volkes begraben sein wolle, unweit der Seine". Diese seine Worte sind an der Grabstätte eingemeißelt: Si je suis mort, laissez-moi enterrer pas loin de la Seine, au milieu de la population française". Napoleon wurde immer von allen

Teilen seines Volkes zutiefst verehrt. Selbst in der 3. französischen Republik, die hauptsächlich von Kommunisten und Sozialisten regiert wurde. Ein gesundes Nationalbewußtsein zeichnete die Franzosen stets aus. Man registriert dies auch beim Anblick des 95 Meter hohen PANTHÉON, das die „großen Männer Frankreichs" in Bildern, Statuen und Sarkophagen verherrlicht. Es wurde 1764 erbaut. An seiner griechisch besäulten Stirnseite liest man die in Stein gehauenen Worte: „Aux grands hommes de la France". Hier sind Generäle wie Foch, Dichter und Schriftsteller wie Victor Hugo und Voltaire, Politiker wie Clemenceau, Revolutionäre wie Danton, Robespierre und Marat, sowie Genies wie Bonaparte verewigt. Ehrfurchtsvoll diesen Nationaltempel betretend, liest der Franzose die Parole der französischen Revolution von 1789: „Liberté, Égalité, Fraternité".

Einmalig in seiner großzügigen Anlage auch der größte Platz Europas, der Place de la Concorde. Er ist der eigentliche Mittelpunkt der französischen Metropole. Von hier aus, einem gewaltigen Rondell, führen sternförmig die einzelnen Hauptstraßen direkt zu den markantesten und historischsten Stätten von Paris: zur Madeleine, zum Triumphbogen, zum Invalidendom und zum Louvre. Gewaltig die mondäne „Champs Elysées", vom Concordienplatz abgehend, in voller Länge einsehbar. An ihrem Endpunkt hebt sich in der Morgen- oder Abendröte das gewaltige Monument des Triumphbogens silhouettenhaft vom Horizont ab. Genau im Zentrum des Place de la Concorde streckt sich majestätisch der Obelisk von Luksor in die Höhe, eine beschriftete gewaltige Marmorsäule mit ägyptischen Schriftzeichen bestückt. Sie wurde von Napoleon Bonaparte nach Abschluß seines Ägyptenfeldzuges mit nach Europa gebracht. Hier stand auch die berüchtigte Guillotine, die am 14. Juli 1789, also vor fast 200 Jahren, ihr blutiges Werk gegenüber der Monarchie kalt erledigte. Auf diesem großen Platz vollzog sich die Geburtsstunde der französischen Republik, die Auseinandersetzung zwischen Bürgertum und Monarchie, die französische Revolution.

Sehr imposant auch der Blick vom 300 Meter hohen Eiffelturm hinüber zum Hügel von Montmartre mit seiner moscheenhaften Kathedrale Sacré Coeur. Ganz unten aber, am Fuße des Turmes, liegt das Marsfeld, das „Champs de Mars", mit herrlichen Grünanlagen. Hier exercierte einst der napoleonische Offiziersnachwuchs, wenn er aus der angrenzenden „École militaire" ausrückte. Das nach dem Kriegsgott Mars benannte Marsfeld wird an seinen äußersten Ecken begrenzt durch die Denkmäler der berühmtesten Feldherren der französischen Armee.

In Montmartre, unterhalb der Kathedrale Sacré Coeur, herrscht die ungetrübte Freude, ein Geschenk der grossen französischen Revolution an ihre Bürger. Alternde Maler, verarmte Künstlernaturen sowie Studenten verdienen sich hier im lebhaften Treiben diesen historischen alten Stadtteiles meist malend ihre zum Unterhalt erforderlichen Francs. Hier liegt der Ursprung des eigentlichen Pariser Stadtlebens, auch das der Handwerker. Oben auf dem „Märtyrerberg", (Montmartre) aber sieht Sacré Coeur erhaben auf das sündhafte Treiben dieses kleinen Stadtbezirkes herab. Wenn die Glocken der Moschee allerdings den Sonntag einläuten, dann ersteigt vom untenliegenden Montmartre aus das Volk die steilen Stufen zur obenliegenden Kirche. Geschminkte und gepuderte Frauen jeden Alters knien inbrünstig betend vor dem Muttergottesbild, um später wieder in den erotisch wirkenden Wirbel von Montmartre hinabzusteigen. Auf dem Boulevard Clichy reiht sich Kino an Kino, Cabarets, Cafés sowie Variétées wie zum Beispiel „Moulin Rouge". Eine einzige Lichterkette liegt abends und nachts über dieser gewaltigen Szene.

Direkt an der Opéra gelegen, befindet sich das berühmte „Café de la Paix", an dessen kleinen runden Tischen sich in Friedenszeiten die Journalisten vieler Länder trafen, um von hier aus ihre Kommentare zur Weltlage zu verfassen.

Den Mittelpunkt des studentischen Lebens der französischen Hauptstadt bildet das „Quartier Latin" mit der weltberühmten Sorbonne-Universität, auf der linken Seine-Seite liegend, unweit des Panthéon. Ein unaufhörlicher Strom von Studenten schleust sich durch dieses Studentenviertel, um sich einschlägiges Büchermaterial für das Studium in den reichlich vorhandenen Buchläden zu besorgen.. Das Quartier Latin gleicht einem einzigen Ameisenhaufen, der sich ständig auf Bücherjagd befindet. Das Studium wird hier von der Jugend sehr ernst genommen. Man kann außerdem deutlich beobachten, daß das französische Volk ein lesendes Volk ist. Der Literatur und den Zeitungen sehr zugeneigt. In der dahinhuschenden Métro bestätigt sich dies täglich, tags und nachts. Man liest stehend und sitzend.

Abseits dieser gefühlvollen Empfindungen in der von deutschen Truppen besetzten Hauptstadt Frankreichs spielte die Realpolitik im Hintergrund dieser Szene ihre

Rolle weiter. Am 12. November 1940 traf der Abgesandte Stalins, der sowjetrussische Außenminister Molotow, zu einem Gespräch mit Hitler in Berlin ein. Man diskutierte sehr hartnäckig. Molotow trug unverblümt und sehr präzise die Vorstellungen seiner Regierung vor und legte allergrößten Wert auf die Respektierung russischer Interessen. Er mißtraute dem Dreierpakt Berlin-Rom-Tokio, in welchem Japan auferlegt wurde, die Neuordnung des großasiatischen Raumes zu realisieren. Bis zur konkreten Begriffserklärung der „asiatischen Frage" lehnte es Rußland ab, einem Viererpakt beizutreten. Solange Hitler die Entschlossenheit ansprach, gemeinsam gegen England vorzugehen, stimmte ihm Molotow zu, machte dies aber abhängig von der vorbehaltlosen Anerkennung der russischen Interessen durch den Dreierpakt und besonders vonseiten der Reichsregierung. Die Einflußsphäre Moskaus müsse vertraglich in folgenden Gebieten garantiert sein: Finnland, Rumänien, Bulgarien, Türkei, Dardanellen und Schwarzes Meer. Am Bosporus müßten von der Türkei Marinestützpunkte und Landbasen für die sowjetischen Streitkräfte zur Verfügung gestellt werden. Im Norden verlangte Molotow sogar den Zugang zur Ostsee. Die polnische Frage war für ihn zufriedenstellend gelöst worden. Er verurteilte aber im Gespräch die von deutscher Seite den Rumänen auf dem Balkan gegebene Garantie. Die Absichten der Sowjets waren sehr durchsichtig und weitreichend. Sie waren praktisch unerfüllbar. Die Gespräche Molotows mit Ribbentrop und Hitler endeten ergebnislos. Auf Berlin wirkten die maßlosen Ansprüche des sowjetrussischen Außenministers und Volkskommissars wie gieriger Machthunger des Sowjetreiches. Man war in Berlin entschlossen, sich systematisch auf eine militärische Auseinandersetzung mit Rußland vorzubereiten. In diesen Novembertagen des Jahres 1940 entschied sich praktisch, noch geheim, das Schicksal des deutsch-russischen Nichtangriffspaktes. Es wäre hierbei noch zu erwähnen, daß, unmittelbar nach der Abreise Molotows aus Berlin, Rumänien, Ungarn und die Slowakei dem Dreierpakt Berlin-Rom-Tokio beitraten, was Stalin mit finsterer Miene registrierte. Inzwischen waren seit der französischen Kapitulation 7 Monate vergangen. Unser Wachregiment in Paris wurde durch ein anderes ersetzt. Im Januar 1941 nahmen wir Abschied von der französischen Metropole. Trauernden Herzens natürlich. Wir wurden der Feldtruppe zugeteilt, und zwar dem Infanterie-Regiment 378, in dessen 10. Kompanie ich meinen Dienst zukünftig zu versehen hatte. Die Fahrt in klapprigen Eisenbahnwaggons ging von Paris aus über Nancy zum Regimentsstabsquartier nach Pont-à-Mousson in Lothringen, südlich von Metz. Dort wurden wir feldmarschmäßig eingekleidet und ausgerüstet. Bataillone und Kompanien des Regiments lagen im Raume Nancy, Lunéville, Épinal. Die 10. Kompanie nahm Quartier in einem uralten lothringischen Dörfchen namens Portieux. Dies war von höchstens 800 Einwohnern bewohnt. Meist alte Leute. Die jüngere männliche Generation, dort spärlich vertreten, befand sich vorwiegend in in Deutschland gelegenen Kriegsgefangenenlagern im Arbeitseinsatz. Die Mosel, bei Épinal entspringend, windete sich als winziges Rinnsal durch die nassen Moselwiesen bei Portieux. Es war im Januar 1941 sehr kalt in diesem verlassenen lothringischen Dorf. Die strenge Kälte des

Vogesenwinters herrschte dort brutal. Aus verfallenen Bauernhäusern warfen abends Petroleumlampen ihren trüben Lichtschein auf das verkommene Pflaster der Gassen. Es dunkelte sehr früh. Einsam hallten die Schritte der Wache durch die kalte Nacht. Kontakte mit der dortigen Bevölkerung gab es praktisch nicht. Sie war sehr konservativ-national und mehr als zurückhaltend, klebte noch an dem deutschfeindlichen Geschichtsbild der Franzosen und würdigte uns kaum eines Blickes. Wir waren „unerbetene Gäste", die „boches". Mauern und Häuser dieses alten geheimnisvollen Städtchens und seiner weiteren Umgebung zeigten noch die Spuren des Krieges von 1914-1918. Sie blieben, von der Artillerie unserer Väter teilweise zerstört und zerschossen, einfach so liegen. Von Wiederaufbau keine Spur. Trostlos. Dies 21 Jahre nach Beendigung des 1. Weltkrieges und trotz der vom Deutschen Reich an Frankreich gezahlten gewaltigen Reparationssummen aufgrund der Bestimmungen des Versailler Vertrages. Man bevorzugte nach 1918 in Frankreich eher Rotwein und Weißbrot – lebte also „wie Gott in Frankreich", „c'est la vie" – und dachte allerhöchstens an den Ausbau der legendären Maginot-Linie. Ansonsten geschah praktisch nichts an bedeutsamer Infrastruktur. Die französische Landwirtschaft arbeitete noch mit uralten Geräten. Sie erbrachte keine Produktion größeren Ausmasses. Selten wurden die Äcker bestellt. Die Folge davon war, daß der Franzose in der Krise in wirklichem Notstand lebte. Hinzu kam, daß bis zum staatlichen und militärischen Zusammenbruch 1940 die Ernährung der französischen Bevölkerung nur deswegen als gesichert, reichlich gesichert, galt, weil Frankreich hauptsächlich von der Fruchtbarkeit und Größe seines afrikanischen Kolonialbesitzes lebte. Die eigene Agrarstruktur wurde sträflich vernachlässigt. Man genoß außerdem in vollen Zügen die deutschen Reparationsleistungen, die sich aus dem Versailler Vertrag ergaben. Mit dem Zusammenbruch der 3. Französischen Republik ging diese Zeit des „Lebens wie Gott in Frankreich" zu Ende. Anstelle eines satten bürgerlichen Wohlstandes trat die selbstverschuldete große Not. Franzosen standen ab Juni 1940 an deutschen Feldküchen und baten um ein warmes Mittagessen. Das Markensystem für den Bezug von Lebensmitteln wurde eingeführt, konnte aber nicht mehr die eingetretene Wirtschaftskatastrophe abwenden. In Frankreich schrie man nach Kohlen, Kartoffeln und Brot. Reserven waren keine vorhanden. Dem unerwarteten wirtschaftlichen und sozialen Chaos hatte man national nichts entgegenzusetzen.

Hier im alten Portieux wurden wir für den Ernstfall eines eventuell erforderlich werdenden Einsatzes hart ausgebildet. Wo dieser Eventualfall in Europa eintreten könnte, das war ein großes Rätsel. Polen und Frankreich waren von deutschen Truppen besetzt. Auf dem Balkan konnte England nichts mehr ausrichten. Es blieb aber unter seinem Premier Winston Churchill ein mehr als hartnäckiger Gegner. Unberechenbar. In Berlin fielen die ersten englischen Bomben, ohne jedoch zunächst großen Schaden anzurichten. Die Royal Air-Force war noch nicht soweit wie die deutschen Luftwaffenverbände, die London bereits intensiv bombardierten. Man gab sich auf der Insel nicht geschlagen. Mit Sowjetrußland hatten wir den Nichtangriffspakt;

aber Amerikas noch neutrale Haltung wurde mehr und mehr englandfreundlicher, deutschfeindlicher.

Ende Januar 1941, also nach nur 4-wöchiger Stationierung im lothringischen Portieux, gab es urplötzlich nachts Alarm. Wir wurden schlafwandelnd aus den Betten unserer Quartiergeber gerissen und hatten uns um Mitternacht in feldmarschmäßiger Ausrüstung und Bewaffnung auf dem Platz der alten Kirche von Portieux zu versammeln. Sollte irgendwo in Europa ein neuer Brandherd entstanden sein? Wohin ging die Reise? Niemand wußte es. Die Kirchenglocken läuteten schließlich schwerfällig und plump die 5. Morgenstunde in der Frühe ein. Es war eine bitterkalte Nacht. Der Kompaniechef, auf dem Pferde sitzend, teilte uns in zackiger und militärisch kurzer Form mit, daß unser Aufenthalt in Portieux beendet sei, und daß die 10. Kompanie mit Bataillon und Regiment noch an diesem Morgen, dem 1. Februar 1941, nach Thüringen verladen werde.

Freudig nahmen wir Abschied von einem total verlassenen, abseits gelegenen lothringischen Dorf, das für uns, was zwischenmenschliche Beziehungen und Kontakte anbelangte, absolut nichts bedeutete.

Vom Thüringer Wald zum nördlichen Polarkreis
Februar 1941 – Juli 1941

Wir setzten unsere ganze Hoffnung auf das grüne Herz Deutschlands, Thüringen. Dort bezog unsere Kompanie Privatquartiere in dem kleinen Bauerndörfchen Schwallungen, nördlich von Meiningen, wo der Regimentsstab des Infanterie-Regiments 378 untergebracht war. Von der Bevölkerung wurden wir stürmisch begrüßt, und man hatte das Gefühl, daß in Schwallungen jeder gerne einen Soldaten im Hause gehabt hätte. Zum ersten Male lernte ich den Thüringer Wald mit seinen Höhen und Tälern kennen, ebenso die Werra. Ein freundlich-romantischer Anblick. Eine Mittelgebirgslandschaft par excellense. Die Tannen waren zwar noch schneebedeckt, aber man hegte innerlich die Hoffnung, hier bei dieser kontaktfreudigen Bevölkerung wenigstens einen Sommer erleben zu können. Die in Frankreich vermissten roten Zigeldächer, die gepflegten Hausgärten, die kultivierten Äcker und Felder sowie die historischen Fachwerkhäuser schlossen wir anerkennend in unser Herz. Niemand dachte damals daran, daß der Thüringer Wald später zur deutsch-deutschen Grenze ausersehen wäre. So hatten wir, mit Recht, die Weltgeschichte nicht beurteilt. Wir strotzten vor Hoffnung, Idealismus und jugendlichem Elan. Der Manöverkritik von Unteroffizieren und Offizieren stellten wir uns frei und offen, ohne Beklemmung.
Inmitten der gefechtsmäßigen Ausbildung erreichte mich die NAchricht des Divisionskommandeurs der

169. Infanteriedivision, daß ich ab Anfang März 1941 zum Divisionsstab nach Bad Salzungen versetzt sei, das nur einige Kilometer nördlich von Schwallungen lag. Bad Salzungen ist ein in Mitteldeutschland bekannter Kurort. Es gefiel mir dort sehr gut, weil ich in einer sehr netten Wohnung untergebracht war, im Hause einer Bäckerei. In Bad Salzungen hatte ich sehr viel Freizeit. Nur morgens zwischen 8.00 Uhr und 10.00 Uhr hatten wir vor den Augen des sehr menschlichen Divisionskommandeurs, Generalleutnant Dittmar, Gewehrgriffe zu „kloppen" und das Gewehr zu präsentieren. Man erinnerte sich im Divisionsstabsquartier offensichtlich an meine im Wachregiment in Paris gezeigten „Qualitäten". Außerdem hatte ich für den Divisionskommandeur in der französischen Hauptstadt öfters dolmetschen müssen. Dieser angenehme tägliche Dienst wurde aber leider bereits nach acht Wochen, Ende April 1941, beendet. Ich hatte mich wieder in meiner Kompanie in Schwallungen zu melden. Dies Anfang Mai 1941, freudig begrüßt von meinen Kameraden und ehemaligen Gastgebern. Zum Sonntagsbraten gab es Thüringer Klöße. die man seinerzeit als Hesse nur dem Namen nach kannte.

Inzwischen drehte sich das Rad der Geschichte langsam aber stetig weiter. Bereits am 25. März 1941, als ich noch in Bad Salzungen war, trat Jugoslawien dem Dreierpakt bei. Neben dem rumänischen Staatschef und Führer der Eisernen Garde, General Antonescu, standen nunmehr König Boris von Bulgarien, sowie Tiso als Repräsentant der selbstständig gewordenen Slowakei zusammen mit Jugoslawien an der Seite des Reiches. In der Zeit vom 27. bis 29. März 1941 traf der japanische Außenminister Matsuoka zu einem Staatsbesuch in Berlin ein. Er führte Gespräche mit Hitler und Ribbentrop. Man versuchte in der Reichskanzlei vergeblich, Matsuoka zu animieren, den Engländern im Fernen Osten mit einem Handstreich Singapore wegzunehmen. Matsuoka ließ sich darauf nicht ein. Er hielt den Zeitpunkt für ein aktives kriegerisches Eingreifen Japans gegenüber England als verfrüht. Auch gegenüber den Vereinigten Staaten. Hitler war sichtlich enttäuscht und deutete bei Abschluß der Gespräche dem körperlich sehr klein gewachsenen japanischen Außenminister an, daß ein militärischer Konflikt zwischen Deutschland und Sowjetrußland nicht mehr ausgeschlossen werden könne, was Matsuoka seinem Kaiser Hirohito behutsam mitteilen solle. Von all dem drang nichts in die Weltöffentlichkeit. Im Geheimen versuchten über diplomatische Kanäle Amerika und England die Japaner aus dem Dreierpakt, der auch Stahlpakt genannt wurde, herauszubrechen. Vergebens.

Völlig aus dem Häuschen geriet die deutsche und internationale Öffentlichkeit, als sie aus den Schlagzeilen der Presse und aus Sondermeldungen des Radios erfuhr, daß Rudolf Hess, der Stellvertreter des Führers, ohne dessen Wissen am 10. Mai 1941 mit einem Flugzeug durch das Abwehrfeuer der Briten hindurch über die englische Insel flog und mit dem Fallschirm absprang. Er landete sicher auf einem Acker in Schottland. Das Flugzeug zerschellte. Es brannte aus. Hess geriet in englische Gefangenschaft. Über seine Motive zu diesem geheimnisvollen Flug hüllte er sich sowohl gegenüber den Engländern als auch vor dem Nürnberger Tribunal 1945/1946 in Schweigen. Hess wurde zu lebenslänglicher Freiheitsstrafe verurteilt. Das Gericht bezeichnete ihn als Kriegsverbrecher. Noch heute, 1983, sitzt der jetzt Neunundachtzigjährige als Letzter und Einziger der verurteilten Parteihierarchie seine Strafe im Spandauer Gefängnis ab. Sein Schweigen über das Motiv seines damaligen England-Fluges brach er bis heute nicht, auch nicht gegenüber seinen Familienangehörigen. Man vermutet, daß Rudolf Hess geheim und eigenmächtig, gut vorbereitet, den Engländern die Nutzlosigkeit eines deutsch-englischen Krieges vor Augen halten wollte. Also eine ausgesprochene Friedensmission auf dem Höhepunkt der deutschen militärischen und diplomatischen Erfolge. Mit Sicherheit kannte Hess auch die geheimen Pläne Hitlers, gegen Sowjetrußland in Kürze vorzugehen. Vielleicht sah er darin ein Risiko. Man schrieb den Mai 1941. Hitler bezeichnete in der Öffentlichkeit und Presse seinen in Alexandria in Ägypten geborenen Stellvertreter als „verrückt". Er entband ihn formell aller Ämter.

Als der Flug von Rudolf Hess noch die Gemüter der Weltöffentlichkeit beschäftigte, wurde das Infanterie-Regiment 378 gegen Mitte Mai 1941 vom thüringischen Schwallungen nach Stettin-Altendamm verlegt. Vom grünen Herzen Deutschlands also nach Pommern. Stettin, an der Odermündung gelegen, ist der zweitgrößte Ostseehafen nach Danzig. Obwohl die Pommern bekanntlich sehr schweigsam und zurückhaltend sind, wurden wir von der pommerschen Bevölkerung sehr gut und freundschaftlich aufgenommen. Der Polenhaß war dort in allen Gesellschaftsschichten stark ausgeprägt. Das Pommerland kennt keine Erhebungen. Es ist flach und von unendlicher Weite. Nur von Seen und

Wäldern unterbrochen. Erbarmungslos scheint die Sonne auf diesen einseitigen Teller der Natur. Pommern ist dünn besiedelt. Der Großgrundbesitz verfügt über gewaltige Landflächen. Stettin selbst liegt an beiden Seiten der Oder. Es hat einen bedeutenden Handelshafen mit vorbildlichem Kanalisationssystem. In Altendamm, am Stettiner Haff, wurden wir im Potonbau pioniermäßig ausgebildet. Jeder Soldat erhielt gleichzeitig zur feldmarschmäßigen Ausrüstung ein grünes Moskitonetz. Für welche späteren Zwecke dies gebraucht werden würde, konnte uns niemand sagen. Für uns alle war dies mehr als rätselhaft. Alle Gedankenspiele, die wir anstellten, führten zu keinem Ergebnis. Gegen Rußland konnten sich diese Vorbereitungen eigentlich nicht richten; denn die Russen waren ja unsere Verbündete, und in Moskau lief sich eine englische Delegation unter Führung Sir Stafford Cripps die Füße wund, dem Gelächter der Weltöffentlichkeit preisgegeben, ohne von Molotow geschweige denn von Stalin empfangen zu werden. Ziel der Briten war es, die Sowjets für den Westen zurückzugewinnen.

Schließlich wurden am 10. Mai 1941 Teile der 169. Infanterie-Division, der ich in Thüringen und Stettin angehörte, im Stettiner Hafen in den 10.000-Tonnen-Truppentransporter „Muansa" kriegsmäßig verladen: Soldaten, Offiziere, Waffen, Munition und Gerät. Der Bauch des haushohen Schiffes verschluckte alles.

Bevor wir diesen 10.000-Tonnen-Giganten bestiegen, verabschiedete uns die Stettiner Bevölkerung mit weissen und blauen Fliedersträußen äußerst herzlich. Tränen auf beiden Seiten wurden vergossen, als die Hafenkapelle „La paloma" spielte. Möwen umkreisten das

10.000-Tonnen-Ungeheuer. Die Anker wurden gelichtet. Langsam setzten sich die Schiffsschrauben der „Muansa" in Bewegung. Das Schiff zerschnitt mit seinem Bug wie spielend die Wasser der Ostsee. Nordostkurs haltend. Stolz und unbekümmert. Abschiedswinken und Gesang aus rauhen Soldatenkehlen begleiteten diese Szene, bis schließlich die Silhouetten von Stettin in der Ferne verschwanden. Nur das Gekreisch der Möwen und die relativ ruhige Ostsee waren unsere einzigen und ständigen Begleiter. Die Sonne schien von einem azurblauen Himmel herab, während an Bord der Deutschlandsender Nachrichten und leichte Tanzmusik ausstrahlte. Das große Rätselraten über das Ziel unserer Seefahrt begann. Aus dem Radio kamen keinerlei Hinweise. Der Kommandant des Schiffes und auch die Offiziere waren zur strengen Geheimhaltung verpflichtet.

Hart an der Küste der baltischen Staaten (Estland, Lettland, Litauen) entlangfahrend, entdeckten wir, direkt gegenüber, in der Ferne bei imposantem Sonnenuntergang die Felseninsel Gotland, die zum schwedischen Staatsgebiet gehört. Der rote Feuerball berührte bei eintretender Dunkelheit die Felsenriffe und Korallen Gotlands, um Minuten später vollends vom Horizont abzutreten, einen blutroten Schimmer auf dem Meer hinterlassend. Ein gewaltiges Schauspiel göttlicher Schöpfung. Über uns die ihre nächtlichen Bahnen ziehenden Sterne.

Am nächsten Morgen erreichte die „Muansa" bei flotter Fahrt die Aalands-Inseln, die Stützpunkt der Roten Armee geworden waren. Wir erkannten durchs Fernglas die jetzt dort etablierte russische Besatzungsmacht. Die Aalands-Inseln waren vor Ausbruch des finnisch-russischen Winterfeldzuges im November 1939 finnisches Hoheitsgebiet. Bei Abschluß des sowjetisch-finnischen Friedensvertrages am 12. März 1940 fiel dieser strategisch wichtige Ostseestützpunkt in die Hände der Russen, die uns nun, zufriedend lächelnd und grüßend, ohne Hintergedanken vorbeiziehen ließen. Es waren die Truppen des Leningrader Militärbezirkes, die auf den Aalands stationiert waren. Dieselben, die die blutige Winterschlacht von 1939/1940 auf dem Eise des Landes der 1000 Seen in Karelien gegen die tapferen Finnen schlugen und nur mühsam gewannen. Der Roten Armee drohte damals ein Fiasko. Nun saß sie auf den Aalands-Inseln friedlich neben ihren Küstenbatterien und winkte uns lächelnd zu. Die „Muansa" zog ungestört vorbei. Kreischende Möwen umflogen wie Silberpfeile in der Sonne Bug und Heck des Schiffes. Von großen Kähnen grüßten uns kühl und gelassen schwedische und finnische Hochseefischer. An diesem Vormittag kam die Gerüchteküche ins Brodeln. Besonders, als die Aalands-Inseln passiert wurden und die „Muansa" danach sichtbar nördlichen Kurs einschlug, um in den Bottnischen Meerbusen einzufahren, in finnische Hoheitsgewässer. Und das alles mit Einverständnis der Sowjetunion und der Finnen? Dies war für uns nur erklärbar, weil ja ein deutsch-russischer Nichtangriffspakt bestand. Wir ahnten nicht, daß einige Wochen später die Kriegserklärung des Reiches an Rußland erfolgen sollte. Die Spekulationen über diese Zusammenhänge wurden immer größer. Der friedliche Grußaustausch auf offenem Meer zwischen den Russen und uns vermehrte Die Rätsel auf dem Schiff. Die „Muansa" fuhr jetzt den Bottnischen Meerbusen entlang. Rechts die finnische Küste, links das schwedische Festland. Unser Ziel konnte also nur Finnland sein, das Land der Mitternachtssonne und der 1000 Seen. Im Dezember 1917. nach der russischen Revolution, löste sich Finnland von Rußland und erklärte feierlich seine staatliche Unabhängigkeit. Mit deutscher Hilfe wurde seinerzeit die Rote Armee vertrieben. Mit Finnland verband uns immer eine enge Freundschaft. Nach Beendigung des Winterfeldzuges von 1939 gegen die Finnen, in welchem die Russen, wie vorher berichtet, schwere Opfer an Menschen und Material hinnehmen mußten, besetzte Sowjetrußland das finnische Karelien, den östlichen Teil des Landes. Es schuf sich damit am östlichen Finnischen Meerbusen, am damals hart umkämpften und zugefrorenen Ladoga-See, eine direkte Verbindung zu dem gegenüberliegenden Leningrad. Man benötigte, von russischer Sicht aus, unbedingt eine von der Roten Armee zu besetzende Sicherheitszone zum Schutze Leningrads und des kontinentalen, nördlich gelegenen Sowjetreiches überhaupt. Dies war die eigentliche Ursache der russischen Invasion in Finnland im November 1939. Der karelische Gebietsverlust, ebenso der Verlust des eisfreien Hafens Petsamo am nördlichen Eismeer, wurde von den Finnen nicht ohne weiteres hingenommen. In Helsinki hegte man Rachegefühle gegen die Russen. Das kleine tapfere Suomi (Finnland) baute seine bescheidenen Streitkräfte neu auf und war willens, unter dem Kommando des finnischen Marschalls Mannerheim, gegebenenfalls mit deutscher Hilfe, Karelien zurückzugewinnen. Von seinen ca. 5 Millionen Einwohnern, von denen 1500 Lappen jenseits des nördlichen Polarkreises in Lappland leben, wohnt

die größte Zahl der Menschen in der Hauptstadt des Landes. 60% des finnischen Staatsgebietes ist mit urwaldähnlichen Wäldern bedeckt, 30% von teils unzugänglichen Mooren und Seen. Holzreichtum garantiert Holzverarbeitung und Holzexport.
Das 10.000-Tonnen-Transportschiff „Muansa" ankerte am 30. Mai 1941 im mittelfinnischen Anlegeplatz Vaasa. Dort wurde es entladen. Die 169. Infanteriedivision, auch Lappland-Division genannt, befand sich auf finnischem Boden. Von der Heimat durch die Ostsee getrennt. Regimenter und Bataillone wurden zusammengestellt und mit den entsprechenden Waffen ausgerüstet.
Im Hintergrund des Anlegeplatzes Vaasa standen flache, rot angestrichene Holzhäuser. Von Stein- und Betonbauten keine Spur. Die Bevölkerung lebt entweder vom Fischfang oder vom reichlich vorhandenen Holz.
Zum ersten Male, im Mai 1941, bestaunte ich die von Holzgas angetriebenen, spärlich vorkommenden Automobile. Im übrigen Europa dagegen kutschierte man mit Benzinmotoren. Auch die Lokomotiven des Nordens rollen auf einsamen Schienenwegen nicht mit Kohle oder Elektrizität, sondern mit Holz. Es kann dabei passieren, daß die Dampfmaschine unterwegs des öfteren auftanken muß. Zeitverluste sind dabei unvermeidlich.
In einem abseits vom Anlegeplatz Vaasa gelegenen Waldstück wurde inzwischen eine Zeltstadt errichtet. Zwei Tage später ließ nun der Kommandeur der 169. Lappland-Division die Katze aus dem Sack. In einer kurzen Ansprache an Soldaten und Offiziere gab er bekannt, daß in einigen Wochen hier auf finnischem Boden die Russen unsere Gegner sein würden. Wir müs-

sten uns schon jetzt darauf einstellen. Die Sache laufe unter „streng geheim". Zu dieser Stunde, am 31. Mai 1941, wisse selbst in der Heimat niemand etwas davon. Auch nicht die auf den Aalands-Inseln stationierten russischen Soldaten, die uns bei der Durchfahrt durch den Bottnischen Meerbusen freundschaftlich zuwinkten. Es bestehe ja formell der deutsch-russische Nichtangriffspakt. Die Operationsziele der deutschen Verbände, die gemeinsam mit den Finnen kämpfen sollen, würden in den jeweiligen Bereitstellungsräumen bekanntgegeben werden. Uns verschlug es den Atem. Daß wir nach Hitlers geschlossenem Pakt mit Stalin gegen die Rote Armee antreten sollten, daran hatte niemand gedacht. Ein Divisionsbefehl verbot uns, mit finnischen Zivilisten Unterhaltungen zu führen.

Noch am gleichen Tage wurden wir von motorisierten Verbänden auf sehr schlechten Straßen von Mittelfinnland nach dem Norden des Landes transportiert. Am Nördlichen Polarkreis wurde die Infanterie, der ich angehörte, abgesetzt. Immer dem nördlichen Polarkreis auf der Eismeerstraße ostwärts entlangmarschierend, erreichte die Lappland-Division Mitte Juni 1941 im Schein der Mitternachtssonne das direkt am Polarkreis liegende Rovaniemi. Hier verblieb das Divisions-Stabsquartier. Neben den überholenden motorisierten Einheiten herlaufend, erreichten die feldgrauen Infanteristen nach einem Marsch von ca. 80 Kilometern über eine sandige Straße, auf der sogar die motorisierte Artillerie des öfteren steckenblieb, den Bereitstellungsraum. Am Rande dieser sandig aufgewühlten einzigen Straße des Polarkreises hausten Eskimos, die ich erstmals sah. Ein Polarvolk mongolischer Rasse, klein, mit gelbbrauner

Hautfarbe und schwarzem Haar. In ärmlichen und zerrissenen Fellen gekleidet. Diese Lappen im nördlichen Finnland ernähren sich durch Jagd und Fischfang. Sie haben ihre kleinen Hütten meist in der Nähe von Seen stehen. Darin baden sie im Mai bei erschreckend niedrigen Wassertemperaturen. Abgehärtet gehen sie anschließend in ihre selbst erbauten Sauna-Holzhütten, um darin Dampfbäder zu nehmen. Mitten in der urwaldähnlichen Natur erblickt man pfeifenrauchende Eskimofrauen. Als wir in der Ruhepause bei ihnen kurze Zeit verweilten, begrüßten sie uns, freundschaftlich auf die Schultern klopfend, mit „Molotow – bum – bum". Ihre Mongolenaugen staunten. Zwei Welten trafen sich hier. Erstaunlich, daß die im einsamen finnischen Urwald lebenden lappischen Eskimos die noch nicht ausgebrochene deutsch-russische Konfrontation am nördlichen Polarkreis ahnten. Nur alle 2 bis 3 Stunden entdeckten wir neben der Polarstraße im Hintergrund versteckt höchstens zwei bis drei schlichte, rot angestrichene Fischerhütten aus Holz. Sie zeugten von der Einsamkeit dieses praktisch nicht bewohnten Landes. Kein Handel, keine Industrie. Nur Stille, weite Flächen, Tümpel, Seen, Urwald und zirpende Vögel. Selbst dem größten Idealisten der in den Bereitstellungsraum marschierenden grauen Feldtruppe kam, ungewollt ein „Germania, quo vadis?" von den dürstenden Lippen. Am Polarkreis, unter der Mitternachtssonne, bestätigten sich später unsere undeutlichen Ahnungen und Empfindungen. Am 22. Juni 1941, frühmorgens, empfing in der fernen Reichshauptstadt Berlin der deutsche Außenminister von Ribbentrop den russischen Botschafter Dekanosow. Dieser war gerade dabei, die maßlosen sowjetischen Forderungen Molotows vom 12. November 1940 bezüglich Osteuropas und des asiatischen Raumes nochmals aufzuwärmen, als Ribbentrop messerscharf diese Wünsche zurückwies und dem russischen Botschafter die deutsche Kriegserklärung übergab. Die Bombe war geplatzt. Wie versteinert verließ Dekanosow wortlos, ohne Gruß, das Auswärtige Amt in der Wilhelmstraße.

Im blassen Schein der Mitternachtssonne erreichte das Infanterieregiment 378 am 27. Juni 1941 schließlich seine strategische Ausgangsposition, achthundert Meter südwestlich von Salla am nördlichen Polarkreis. Nur ein paar verstreut liegende Holzhütten zeugten von einer mehr als spärlichen Besiedlung. Die Hütten waren verlassen. Kein Mensch war weit und breit zu sehen. Nur Urwald und darin unzählbare Stechmücken. Wir wussten jetzt, warum wir in Stettin mit Moskitonetzen ausgerüstet wurden. Mitten in diesen geheimnisvollen Wald von Salla grub sich die Infanterie lautlos in Erdlöchern ein und wartete auf weitere Informationen und Befehle. Die Artillerie mit ihren leichten und schweren Geschützen hatte es hier besonders schwer. Nur mühsam erreichte sie im teils mit Tümpeln übersäten Urwald ihre jeweils getarnten Stellungen. Wir alle waren Gefangene des Waldes, der Tümpel und der Moore. Wie hier erfolgreich operativ vorgegangen werden sollte, war uns rätselhaft. Wir sehnten uns in dieser mißlichen Lage des Abwartens und des Nichtstuns, getarnt in feuchtschwülen Erdlöchern liegend, eigentlich nach Kampf und Bewegung. Nur dies konnte uns vom beklemmenden Urwald von Salla befreien. Vor diesem lag eine offene, teils mit Mooren durchsetzte Ebene, an deren Ende, weit sichtbar, sich zwei bewaldete Anhöhen erhoben, hinter denen wir die russische Infanterie vermuteten. Wie später festgestellt wurde, führte ein mit Minen bestückter Hohlweg mitten durch diese beiden Erhebungen zur Straße nach Salla. Außer dem Zirpen der Vögel in den Kronen des Urwaldes, dem Summen der Moskitos und dem Gekrächz des Unterholzes tat sich bisher nichts in diesem unwegsamen Gelände. Dies Tag für Tag. Nachts hing bleich die Mitternachtssonne am Horizont. Einmal am Tage und einmal spät abends sondierten deutsche Spähtrupps getarnt in Deckung vorgehend das Vorfeld des Urwaldes, die offene Ebene. Russische Soldaten wurden in und vor den gegenüberliegenden bewaldeten Höhen entdeckt, ebenso Artilleriestellungen. Wir wußten also, daß die Stunde der Konfrontation auf diesem Kriegsschauplatz nicht mehr lange auf sich warten lassen würde. Von Tag zu Tag wurde die Front auf beiden Seiten hektischer und nervöser. Es lag etwas in der Luft. Unsere Spähtrupps wurden von scharf schießenden Baumschützen eines gegenüberliegenden sibirischen Frauenbataillons dezimiert. Einige Infanteristen kehrten nicht mehr zurück. Sie lagen verwundet oder tot auf der offenen Ebene von Salla und wurden vom nächsten deutschen Spähtrupp geborgen, tot oder lebendig. Andere wurden Opfer des gurgelnden Moores, aus dem sie sich nicht mehr befreien konnten. Ein sehr schwieriges Gelände. An Bewegungskrieg dachte offensichtlich keiner, weder die Russen noch wir. Nur schwere Geschütze führten die Regie. Sieben Tage lang tobten die Stellungskämpfe in der Waldschlacht von Salla.

Ungeachtet dessen wurde die deutsche Lapplandfront dahingehend offiziell informiert, daß der Angriff gegen die russischen Linien hier in Nordfinnland am 1. Juli 1941 beginnen würde. Dies, um schnellstens das von den Russen besetzte finnische Karelien zu befreien. Die Sowjets sollten vom südlichen Karelien aus mit Stoßrichtung Leningrad angegriffen werden. Man wollte dieses schwierige operative Ziel baldigst erreichen. Auch der eisfreie Hafen Petsamo sowie Kandalakscha am Weißen Meer sollten der Roten Armee entrissen werden. Die Lappland-Division gelangte jedoch nie zu diesen beiden anvisierten Punkten.
Am 28. Juni 1941, abends gegen 18.30 Uhr, belegt urplötzlich die sowjetische Artillerie unseren Bereitstellungsraum mit schwerstem Sperrfeuer. Alles nimmt volle Deckung. Im dichten Urwald entsteht Chaos. Das Bataillon erleidet blutige Verluste. Erstmals erlebe ich die Grausamkeit des Krieges. 12 Meter vor mir fällt als 1. Opfer der 10. Kompanie des Infanterieregiments 378, voll getroffen, mein thüringischer Freund Gardelegen. Der Munitionskasten, den er fest umklammert hielt, flog ihm explodierend aus der Hand. Die russischen Granaten zerschmetterten die Baumkronen des karelischen Urwaldes. Durch den artilleristischen Überraschungsschlag der Sowjets ist die Kompanie nur noch ein Torso. Sie besitzt augenblicklich überhaupt keinen Gefechtswert mehr. Viele werden vermißt. Gegen 20 Uhr abends schweigt das Artilleriefeuer des Gegners. Es herrscht Totenstille. Man informiert die in ausgegrabenen Erdlöchern liegende Infanterie darüber, daß Artillerieverstärkung erst in ca. 48 Stunden ankäme und erst dann Stellung beziehen könne. Wir begraben nördlich

des Polarkreises im Schein der Mitternachtssonne unsere ersten Toten. Schlichte Holzkreuze aus Birkenstämmen ragen unweit Salla in den skandinavischen Himmel, bedeckt von durchlöcherten und durchschossenen Stahlhelmen.
Am nächsten Morgen, dem 29. Juni 1941, beobachten wir durchs Scherenfernrohr, über das vor uns liegende Niemandsland blickend, die uns gegenüberliegenden russischen Stellungen. Rote Kommissare, an ihren Uniformen leicht zu erkennen, inspizieren den sowjetischen Bereitstellungsraum, in den nachts russische LKWs und Panzer hineinrollen. Deutlich hört man das monotone Knirschen der Panzerketten. Pfähle werden auf sowjetischer Seite in die Erde geschlagen, Pflöcke eingerammt, Bäume gefällt. Die ersten Bunker werden sichtbar. Auf ihnen sitzt der „Iwan" und läßt sich von der Sonne Kareliens bescheinen. Man hat den Eindruck, daß das russissche Oberkommando sich auf zermürbenden Stellungskrieg einstellt, weil operatives Vorgehen in diesem Moor- und Tümpelgebiet nur sehr schwer realisiebrar ist.
Endlich ist im Laufe des gleichen Tages unsere eigene Artillerie eingetroffen. Sie geht in Stellung und beschießt die vor uns liegenden beiden Höhen. Mit Erfolg, wie wir beobachten können. Bis in die Nacht des 29. Juni 1941 hinein feuern die schweren Waffen beider Seiten.
Am 30. Juni 1941 geht von Graben zu Graben die Meldung, daß das Regiment am 1. Juli, morgens um 5.04 Uhr, zum Angriff übergehen wird. Gemeinsam mit den tapferen Söhnen Suomis, die unsere Verbündeten sind.

Die Stunden vergehen atemberaubend schnell. Die Nacht ist vorbei. Der 1. Juli 1941 ist da. Zwei deutsche Sturzkampfbomber, Stukas genannt, erscheinen morgens um 3.30 Uhr über Salla und bombardieren die rückwärtigen Verbindungen der aufmarschierten Sowjet-Divisionen. Kurz nach 4.00 Uhr legt unsere Artillerie ein konzentriertes Vernichtungsfeuer auf die links uns gegenüberliegende Anhöhe. Die furchtbare Wirkung ist sichtbar. Bunker zerbersten. Tote sowjetische Soldaten wirbeln durch die Luft. Der Plan des deutschen Oberkommandos ist es, durch konstanten Artilleriebeschuß die linke Anhöhe von feindlichen Infanteriekräften freizumachen, um nicht frontal gegen den verminten Hohlweg nach Salla angehen zu müssen. Nebelgranaten schlagen in die feindlichen Stellungen ein. Es ist 5 Uhr morgens. Die Nebelwand steht noch immer. In 4 Minuten werden die Bataillone des Infanterieregiments 378 sich aus ihren Gräben erheben, um anzugreifen. 5.01 Uhr, 5.02 Uhr, 5.03 Uhr... Da ein schriller Pfiff. Der Angriff beginnt. In breiter Gefechtsordnung gehen wir vor. Der 1. Ausfall ist zu beklagen. Drei Meter neben mir bricht der Schütze Lehnert, von einem Bauchschuß getroffen, stöhnend zusammen. Es geht aber weiter. Nach vorgeschobenen russischen Baumschützen vorsichtig Ausschau haltend, haben wir uns, begünstigt durch die Nebelwand, ungefähr zweihundert Meter durchs Vorgelände gearbeitet. Eine wellig verlaufende Ebene mit hohem Steppengras. Das Niemandsland. Hundert Meter links neben mir erbärmliches Schreien. Einer der Unsrigen endet im Sumpf. Die von der Artillerie gesetzte Vernebelung hat sich aufgelöst. Jetzt heißt es aufpassen. Wir nähern und zwar meterweise den russischen Linien, werden aber durch das starke gegnerische Sperrfeuer daran gehindert, den entscheidenden Durchbruch zu erzielen. Die Offensive bleibt im Steppengras des flachen Vorgeländes vorübergehend stecken. Von den gegenüberliegenden Höhen werden wir fast ununterbrochen von „Stalin-Orgeln" beschossen. Sie entsprechen in ihrer Feuerkraft gebündelten Granatwerfern. Das Regiment begibt sich, in Sichtweite der Russen Deckung nehmend, in die von den Pionieren vorbereiteten Schützengräben. Über uns fliegen altertümlich anmutende sowjetische Kampfflugzeuge, von uns „ratternde Kaffeemühlen" genannt. Sie fixieren unsere Grabenstellungen im Gelände.

Man hatte dem angreifenden Infanterie-Regiment im Bereitstellungsraum versprochen, daß die modernsten Kampfflugzeuge der Wehrmacht, Jagdgeschwader und Stukas, den infanteristischen Auftrag von der Luft aus unterstützen würden. Nichts war davon zu sehen. Von der Wirklichkeit enttäuschte Idealisten kämpften weiter. Die Stukas wurden in Rußland gebraucht, wo die deutsche Offensive unaufhaltsam rollte. In Finnland war die deutsche Infanterie ganz allein auf sich gestellt.

Aus den getarnten Schützengräben herausspringend, durcheilt tief geduckt unsere neu gebildete Angriffswelle das russische Sperrfeuer. Eine Unmenge von Stahlgeschossen zischt pfeifend an den Ohren vorbei. Quälend erhebt sich beim Vorgehen die Frage, ob es jemals möglich sein würde, vom nördlichen Polarkreis aus wieder die Ostsee zu erreichen, um über das trennende Meer hinweg die Heimat wiederzusehen. Beklemmende Gedanken. Die Realität jedoch liegt vor uns. Die strategisch und taktisch geplante Umfassung der russischen

Brigaden kann nicht mehr verwirklicht werden, da die Sowjets sich wieder auf der linken bewaldeten Anhöhe festgesetzt haben. Es bleibt nur noch der Frontalangriff über den verminten Hohlweg übrig. Ohne Panzerunterstützung. Diese stählernen Ungetüme können wegen des sumpfigen Geländes auf der karelischen Ebene nicht rollen. Sie bleiben im hinter uns liegenden Urwald stehen und verstärken damit die uns Feuerschutz gebende deutsche Artillerie. Bedingt durch das konzentriert angelegte gegnerische Sperrfeuer, hält der Tod reiche Ernte. Die gefechtsmäßig vorgehende 10. Kompanie wird zusehends dezimiert. Der 2. MG-Schütze Freund bricht stöhnend zusammen. Sein mitgeführter Munitionskasten verfärbt sich mit rotem Blut. Davor liegt der baumlange 1. MG-Schütze Weise, ein Thüringer, in Feuerstellung. Sein heiß glühendes Maschinengewehr ist auf die nur noch 80 Meter vor uns liegende sowjetische Bunkergruppe gerichtet. Er schreit nach Munition. Sie ist ihm ausgegangen. Ich erfasse den blutgetränkten Munitionskasten des verwundeten 2. MG-Schützen Freund und stürze, total erschöpft, nach vorn zur Feuerstellung des schweigenden Maschinengewehres von Weise. Dieses schießt jetzt wieder. 50 Meter vor den russischen Abwehrstellungen machen wir uns zum Nahkampf mit aufgepflanztem Bajonett fertig. Jetzt soll der Durchbruch erfolgen. Mit „Hurra" springen wir aus der Deckung und werden erbarmungslos zusammengeschossen. Direkt vor der sowjetischen Bunkerlinie werde ich verwundet und bleibe zunächst auf offenem Schlachtfeld liegen. Ein Schuß zerschmetterte mir drei Knochen des linken Mittelfußes. Mit erheblichen Schmerzen arbeitete ich mich, kraftlos geworden, unter feindlichem Beschuß durch Kriechen, Robben und Gleiten ungefähr zweihundert Meter zurück, wo sich die spärlich verbliebenen Reste des Bataillons versammelt haben. Es sind nur noch 25 kampffähige Männer zusammen. Die Übrigen sind verschwunden. Die eigene Artillerie schießt nicht mehr. Sie scheint nicht mehr zu existieren. Das Teufelswerk ist vollendet. Zwischen dem sechshundert Meter zurückliegenden Bataillonsgefechtsstand und der vorderen Linie besteht keine drahtliche Verbindung mehr, da die Kabel durchschossen sind. Es ist 19 Uhr abends. Wir sind von der 169. Infanteriedivision abgeschnitten und praktisch schutzlos auf offener Ebene in einem Wassergraben dem feindlichen Feuer ausgesetzt. Hinzu kommt eine sich von Minute zu Minute steigernde Panik, weil das Grundwasser sichtbar steigt. Russische „Ratas" überfliegen den Graben und wir pressen uns an seine lehmigen Wände. Oberleutnant Sieber, ein bekannt sturer Typ, schlägt vor, mit den übriggebliebenen 25 Mann einen Stoßtrupp gegen die linke Russenhöhe anzusetzen, um noch vor Mitternacht die Straße nach Salla zu erkämpfen. Ein schier unmöglicher Gedanke. Er wird von der Grabenbesatzung eindeutig abgelehnt. Dies deshalb, weil keine Feuerunterstützung mehr vorhanden ist und keine Funkverbindung mehr besteht. Auf eigenes Risiko handelnd, melde ich mich beim Kompaniechef ab mit dem Ziel, den rückwärtigen Truppenverbandsplatz zu erreichen und eine Spritze gegen Wundstarrkrampf zu erhalten.

Im Schein der Mitternachtssonne und unter feindlichem Beschuß arbeitete ich mich gleitend rückwärts. Mit erheblichen und brennenden Schmerzen am blutverschmierten linken Fuß. Auch aus den eigenen Reihen schlägt mir tödlicher Stahl entgegen. Es peitscht und pfeift über Kopf und Ohren hinweg. Ein Einsamer zwischen zwei feuernden Fronten. Das Krachen und Knistern von Buschwerk und Gestrüpp, das von mir herrührt, läßt die eigenen Stellungen vermuten, daß es sich um einen russischen Stoßtrupp handeln könne. Dies umsomehr, als mit der vordersten Linie seit mehr als 4 Stunden keine Funkverbindung mehr besteht und der Gefechtslärm nachgelassen hat. In dieser riskanten Situation rufe ich laut meinen Namen, meine Kompanie und mein Regiment und gelange nur mühsam, vor dem eigenen MG-Feuer Deckung nehmend, zum Bataillonsgefechtsstand des Kommandeurs, Oberleutnant Griesbach.

Es ist bereits 22 Uhr abends. Fahl scheint die Mitternachtssonne vom karelischen Himmel. Mehrere sowjetische Granaten schlagen zu dieser Stunde in der Nähe des Gefechtsstandes ein. Die Nacht an der Front Lapplands wird zum Tage. Jede Nacht. Sanitäter holen Tote und Verwundete vom Schlachtfeld zurück. Zwei von diesen stets hilfsbereiten „Sanis" schleifen mich, unter Einsatz ihres eigenen Lebens, durch sumpfigen Urwalddschungel zum Truppenverbandsplatz. Er liegt an der Straße, auf der wir vor 8 Tagen in den angewiesenen Bereitstellungsraum sickerten. Dieser liegt unter ständigem russischen Artilleriebeschuß. Am 2. Juli 1941 erreiche ich das Feldlazarett Kemijärvi, das noch im Schußbereich der gegnerischen Artillerie liegt. Bereits nach 2 Tagen transportiert man mich ins Kriegslazarett Kemi, das in einer finnischen Schule untergebracht war. Kemi selbst liegt direkt an der Nordspitze des Bottnischen Meerbusens. Hier fühlte man sich sicher. Die finnischen Schwestern betreuten uns als Freunde und Verbündete ihres Volkes sehr aufmerksam und aufopfernd. Wir verabschiedeten uns am 13. Juli 1941 von ihnen. Mit der Bahn fuhr der Verwundetentransport von Kemi aus den Bottnischen Meerbusen entlang, die finnische Grenze verlassend, ins neutrale Schweden ein. Dort oben, im hohen Norden, liegt das schwedische Haparanda, die „weiße Stadt". Unweit von Tornio. Dieses Haparanda scheint nur aus strahlendem weißen Marmor zu bestehen. Ein Zeugnis schwedischer Kultur und friedsamer, ungestörter Arbeit. Bürgerlich ruhig bewegt sich hier der Alltag. Die Menschen begegnen sich zuvorkommend und rücksichtsvoll. Im Gegensatz zu den durch diesen unseligen Krieg aufgeputschten und fanatisierten Massen der übrigen europäischen Welt. Selbst das schwedische Militär vermittelt eher einen zivilen Eindruck. Man hütet in Schweden die Neutralität wie ein rohes Ei. Offiziere und Soldaten sind friedliche Staatsbürger in relativ schmuckloser Uniform. Im durch schwedisches Hoheitsgebiet dahinhuschenden Bahntransport wurden die Verwundeten vom Schwedischen Roten Kreuz betreut. Den neutralen Schweden sah man es deutlich an, daß sie vom Krieg überhaupt nichts wissen wollen. Sie distanzierten sich im Gespräch sehr engagiert und blieben kühl und gelassen, obwohl der Krieg an der Lapplandfront in unmittelbarer Nähe ihrer Grenze geführt wurde. Der Zug rollte quer durch Schweden und erreichte das norwegische Staatsgebiet, welches ja von deutschen Truppen besetzt war. Über Oslo führte uns der Bahntransport an den Oslo-Fjord

heran, wo uns das unter der Flagge des Roten Kreuzes fahrende deutsche Lazarettschiff „Stuttgart" am 16.7.1941 an Bord nahm. Die Fahrt ging durchs gefährdete Skagerrak, von deutschen U-Booten begleitet. In der Ostsee, der Heimat sich nähernd, wurde einmal U-Boot-Alarm gegeben. Ohne Zwischenfälle legte die „Stuttgart" am 20. Juli 1941 in Kiel an, wo wir freudig empfangen wurden.
Der Stellungskrieg im finnischen Lappland endete erst am 19. September 1944. Der finnische Oberkommandierende, General Mannerheim, stellte zu diesem Zeitpunkt die Kampfhandlungen seiner kleinen aber tapferen Streitmacht ein und vereinbarte mit den Sowjets einen separaten Waffenstillstand.

Amerikas Kriegseintritt
und
die Résistance in Frankreich

Am 21.7.1941 wurde ich mit meiner Mittelfußverletzung im Reservelazarett Rostock aufgenommen. Wie schön war es, wieder in einem weißen Federbett schlafen zu dürfen und den vertrauten Klang der Heimatsprache zu vernehmen. Unendlich grausam dagegen ist der Krieg, das blutige Abenteuer. Nur noch nachts forderte der Traum seine Rechte und belastete mein jugendliches Gehirn mit den Wirklichkeiten der hinter mir liegenden Polarfront. Ich war damals 21 Jahre alt. Der Feuerball der Mitternachtssonne, das Rauschen des fernen Urwaldes, die unzählbaren Stechmücken und das glucksende Moor begleiteten mich nachts oft traumhaft schwer. Am 12.8.1941 verlegte man mich in das mecklenburgische Ostseebad Graal-Müritz, zwischen Rostock und Warnemünde gelegen. Langer Strand und schneeweiße Dünen. Unzählige Strandkörbe. Sonne und Leben. Vom Krieg eigentlich nichts zu spüren. Hart an die See reicht der mecklenburgische Kiefernwald und geht über in die mit dem Wasser spielende Düne.
Am 5. September 1941 wurde ich zum Ersatztruppenteil nach Friedberg in Hessen versetzt, unweit meiner Vaterstadt Frankfurt am Main. Dort verbrachte ich auf der Schreibstube des darin amtierenden Hauptfeldwebels geruhsame Tage und Wochen. Im Außendienst konnte man mich aufgrund der noch nicht abgeheilten Verwundung nicht einsetzen. Man beförderte mich wegen „Tapferkeit vor dem Feind" zum Gefreiten, nach-

dem der Divisionsgefechtsstand am nördlichen Polarkreis dies schriftlich von der Front aus anordnete. Jedes Wochende konnte ich meine Eltern in Frankfurt am Main besuchen. Ein großes und freudiges Wiedersehen. Das Glück blieb mir auch weiterhin treu; denn mit Wirkung vom 1.7.1942 wurde ich zum Stab der 159. Infanterie-Division des Generals Fett in meine Heimatstadt versetzt. Dort hatte ich die Aufgabe, an der Neuaufstellung dieser traditionsreichen Division planerisch mitzuwirken. Dies auf dem Höhepunkt der militärischen Erfolge des Deutschen Reiches. Hier im Frankfurter Divisionsstabsquartier erkannte man im Juli 1942 aber schon, wie schwach unsere personellen Möglichkeiten geworden waren, Heeresverbände frisch aufzufüllen oder neue zu schaffen. So wurden beispielsweise die Infanterie-Regimenter bereits 1942 um je ein Bataillon reduziert. Man benötigte außerdem dringend taktische Einheiten, die besonders an der riesigen Ostfront die eroberten Räume und Gebiete sichernd zu besetzen hatten. In Rußland rollte die deutsche Kriegsmaschine unaufhaltsam vorwärts. Allerdings schufen die Engländer in Nordafrika, einer Vision Churchills folgend, gestärkt durch amerikanische Hilfe, die für Deutschland risikoreiche zweite Front. Die Panzerkolonnen des unvergessenen Generalfeldmarschalls Erwin Rommel standen vor der Grenze Ägyptens. Im Sand der Wüste tobten gewaltige Panzerschlachten zwischen den Briten und dem deutschen Afrika-Korps. Mit ständig wechselnden Erfolgen.
Bekanntlich hatte Amerika unter seinem Präsidenten Roosevelt inzwischen auch aktiv in den 2. Weltkrieg eingegriffen, nachdem am 7. Dezember 1941 die Japa-

ner den amerikanischen Flotten- und Flugstützpunkt Pearl Harbour auf Hawaii überfallartig angegriffen und einen Teil der Pazifik-Flotte der USA vernichteten. Roosevelt erklärte daraufhin am 8. Dezember 1941 den Japanern den Krieg. Aufgrund der schon länger andauernden, sichtbaren Aktivitäten Washingtons gegenüber deutschen U-Booten auf den Weltmeeren einerseits sowie die offene Unterstützung der Sowjetunion und Englands andererseits durch die angeblich neutrale USA, bestellte der deutsche Außenminister von Ribbentrop am 11. Dezember 1941 den amerikanischen Geschäftsträger zu sich und übergab ihm die deutsche Kriegserklärung an die Vereinigten Staaten von Nordamerika. Mit dem Kriegseintritt Amerikas waren die Russen nunmehr nicht nur Verbündete Londons, sondern auch Washingtons.

Seit diesem Zeitpunkt war sich die internationale Öffentlichkeit klar darüber, daß die Phase der Blitzsiege des Reiches mit an Sicherheit grenzender Wahrscheinlichkeit vorüber sein würde. In London rechnete man, bedingt durch den Kriegseintritt Amerikas, mit einer sich immer mehr ausweitenden Materialüberlegenheit des Westens, je länger der Krieg andauere. Diese von den Alliierten des 1. Weltkrieges übernommene Abnutzungsstrategie feierte ihre theoretische und praktische Wiederauferstehung. Hinzu kam als weiterer Plusfaktor unserer Kriegsgegner das unerschöpfliche Menschenmaterial der Roten Armee im Osten. Dort war zwar nach wie vor das unaufhaltsame Vordringen der deutschen Heeresverbände Realität, und die Sowjets erlitten erhebliche Verluste an Menschen und Material. Gefangenen-Transporte rollten unablässig ins Reich. Trotzdem war

die deutsche Heeresleitung immer noch vom Winter 1941/1942 schockiert, wo Eis und Schnee die Eroberung Moskaus verhinderten. Man stand vor den Toren der russischen Hauptstadt und dachte an Napoleon, der 1812 Moskau besetzte und in Brand steckte, dessen Armee aber dort in grausamer Winterkälte unterging.
Im Februar 1942 stattete der mit uns verbündete rumänische Staatschef General Antonescu Hitler einen Besuch in dessen ostpreußischem Hauptquartier ab. Die deutschen Truppen standen bereits in der Ukraine, in Sichtweite des Schwarzen Meeres. Sie näherten sich der Halbinsel Krim. Im Sommer 1942 wurde das Führerhauptquartier für eine gewisse Zeit in die Kornkammer der Sowjetunion, die Ukraine, verlegt.
In Berlin verwüstete die Royal Air Force der Briten, immer stärker werdend, laufend mit Bombenangriffen ganze Stadtteile der Reichshauptstadt. Es war die Rache für die vorhergegangenen Bombardierungen Londons. Der Luftkrieg eskalierte auf beiden Seiten. Auch die empfindlichen Verluste der Engländer auf den Weltmeeren durch die deutschen U-Boote spielten hierbei eine eminente Rolle. Zahlreiche Geleitzüge mit strategischen Gütern wurden versenkt. Sie landeten auf dem Meeresboden.
Am 15. August 1942 reiste ich mit dem Vorkommando der 159. Infanteriedivision nach Frankreich zum Armeehauptquartier nach Dijon, der ehemals historischen Hauptstadt von Burgund. Dijon zählt etwas über 100.000 Einwohner und ist Universitätsstadt. Im römischen Stil erbaut. Die Gassen sind eng und winklig, die Atmosphäre dort südlich-freundlich. Diese Hauptstadt

des einstigen Reichslandes Burgund liegt unweit der Schweizer Grenze. Einige Tage später verließen wir das Armeehauptquartier in Dijon und wurden nach Troyes, der Hauptstadt des Departements Aube, versetzt. Troyes hatte ca. 60.000 Einwohner, liegt an der Seine und besitzt eine sehenswerte gotische Kathedrale aus dem 13. Jahrhundert. Die Stadt liegt etwa 60 Kilometer südöstlich von Paris. Eine ausgesprochene Industriestadt. Die Einwohner machten uns gegenüber einen ausgesprochen aufgeschlossenen Eindruck. In Gesprächen wurde deutlich, daß sie von den Engländern, die 1940 dort kurze Zeit stationiert waren, nichts wissen wollten. Sie haßten förmlich die Briten und bezeichneten sie als arrogante Herrentypen. Nur in Bahnhofsnähe waren einige Häuser durch Kriegseinwirkungen beschädigt worden. Als Vorkommando der Division richteten wir im Rathaus von Ste.Savine, einem nördlichen Stadtteil von Troyes, für den nachkommenden Stab das Divisionshauptquartier ein. Ich selbst hatte, aufgrund meiner französischen Sprachkenntnisse, die Verhandlungen mit der Bürgermeisterei (Mairie) zu führen. Bedingt durch die Großzügigkeit und Freundlichkeit der dortigen französischen Administration uns gegenüber, konnten diese Gespräche schnell und reibungslos abgewickelt werden. Offener oder versteckter Druck erfolgte von keiner Seite. Man beschäftigte mich als Dolmetscher, wobei ich, zu meiner großen Freude, öfters Dienstreisen nach Paris anzutreten hatte.

Am 19. August 1942 scheiterte ein britisch-kanadisches Landungsunternehmen, von England aus in Szene gesetzt, bei Dieppe und St.Nazaire, einer westfranzösi-

schen Hafenstadt, an der Loiremündung gelegen. Saint Nazaire ist der Vorhafen von Nantes. Eine beachtliche Zahl gefangener Engländer und Kanadier war die Folge dieses mißlungenen Seeabenteuers der Briten. Für die Franzosen im besetzten sowie unbesetzten Teil Frankreichs war dieser militärisch bedeutsame Akt, auch wenn er mißlang, ein Signal der Hoffnung. Es bildeten sich, besonders in der unbesetzten Zone des Landes, Widerstandsgruppen. Die Exilregierung des Generals Charles de Gaulle hatte sich in London niedergelassen und arbeitete mit den Engländern und deren Geheimdienst eng zusammen. Überhaupt war deutlich sichtbar, daß der englische Premierminister Winston Churchill, der „Mann mit der Zigarre", mehr und mehr zum strategisch beachtenswerten Gegenspieler Hitlers wurde. An das englische Volk gewandt, versprach Churchill diesem nur „Blut, Schweiß und Tränen". Unabhängig davon liefen die angelsächsischen und deutschen Propagandamaschinen auf Hochtouren.
Ende Oktober 1942 wurde die 159. Infanterie-Division, von Troyes Abschied nehmend, wiederum verlegt. Dies deshalb, weil sich in der unbesetzten Zone Frankreichs, der „zone inoccupée", wie vorher erwähnt, eine vom englischen Geheimdienst gesteuerte französische Widerstandsbewegung gebildet hatte, der hauptsächlich Kommunisten und Linkssozialisten angehörten. Die in der besetzten Zone zwischen Deutschen und Franzosen allgemein praktizierte „collaboration" hatte im noch freien Teil Frankreichs nur bescheidene Erfolge zu verzeichnen. Die geheimen Zusammenkünfte der „Résistance" fanden hauptsächlich in der Provence, Mittelfrankreich sowie in den Städten Marseille, Lyon und St.

Étienne statt. Die deutsche Reichsregierung sah sich deshalb veranlaßt, hier schnellstens einzugreifen. Sie schickte Ende Oktober 1942 urplötzlich über Nacht, ohne Vorankündigung, deutsche Truppenverbände in die unbesetzte Zone Frankreichs. Dies in Abänderung der bestehenden und mit der ehemaligen französischen Regierung vereinbarten Waffenstillstandsbedingungen von 1940. Der Divisionsstab, dem ich angehörte, etablierte sich im mittelfranzösischen Clermont-Ferrand in der Auvergne, das zum Departement Puy-de-Dome gehörte. Clermont-Ferrand, eine 110.000 Einwohner zählende Universitätsstadt, liegt, von Bergen umrahmt, malerisch in einem Talkessel. Die Straßen der Stadt jedoch weisen erhebliche Steigungen auf. Im Hintergrund erhebt sich majestätisch die schneebedeckte Spitze des fast 1.500 Meter hohen Puy-de-Dome. Hier in Clermont-Ferrand wurden unsere Uniformen von der meist schweigsamen und sich distanzierenden Bevölkerung von oben bis unten mit giftigen Augen gemustert. Man sah uns hier zum ersten Male. Wir spürten förmlich, daß wir heißen Boden unter den Füßen hatten. Im bisher unbesetzten Mittel- und Südfrankreich hatte sich der Haß der Franzosen gegen die Deutschen, die „boches", aufgespeichert. Dies besonders als Folge der französischen Kapitulation vom Mai 1940. Zwei Jahre lange konnte man dort in der unbesetzten Zone, praktisch unkontrolliert, im Geheimen die Résistance aufbauen. Mit dieser Sachlage waren wir, ungewollt, konfrontiert. Nur bewaffnet durfte deutsches Militär die Straße betreten. Französische Offiziere, noch mit Pistolen ausgestattet und in voller Offiziersuniform, wurden aus den Cafés von Clermont-Ferrand herausgeholt oder auf der Straße angehalten. Sie wurden, passiven Widerstand leistend, entwaffnet. Der Status der „unbesetzten Zone" existierte nicht mehr. Für die dort lebenden Franzosen war diese Aktion so schnell, geheim und überraschend, daß sie beim Lesen der Morgenzeitung und Extrablätter förmlich die Augen aufrissen. Erkannte denn die Pétain-Regierung im nahen Vichy nicht die Zeichen der Zeit? Doch, sie erkannte sie. Der greise Marschall und Staatschef wandte sich in einer Rundfunkansprache an sein Volk und erklärte ihm, daß „die Geduld jetzt die notwendigste Form des Mutes" sei („La patience c'est peut – être aujourdhui la forme la plus nécessaire du courage"). Die politisch sehr intelligenten Franzosen verstanden diese Worte sehr gut. Die Zeit des „Attendismus" in der französischen Politik begann, die Zeit des Hinhaltens, Verzögerns und Abwartens. Man spielte seine Rolle diplomatisch auf Zeitgewinn.

Deutsche Aufklärungsflugzeuge sichteten im nordafrikanischen Raum feindliche Bewegungen und Stellungen, was darauf schließen ließ, daß hier die Engländer operative Vorbereitungen trafen, um von Nordafrika aus die südfranzösische Küste zu erreichen und in Südfrankreich zu landen. Aus der französischen Hafenstadt Toulon wurden Unruhen gemeldet. Streik im dortigen Arsenal des Kriegshafens, Terroristen- und Verschwörertätigkeit. Der undurchsichtige Admiral Darlan, der Vichyregierung angehörend, ließ im Hafen von Toulon Teile der dort stationierten französischen Kriegsflotte versenken und setzte sich bei Nacht und Nebel nach Nordafrika ab, wo er sich den Amerikanern zu Verfügung stellte. Diese dramatischen Vorgänge waren die

Ursache dafür, daß die unbesetzte Zone Frankreichs blitzschnell von deutschen Verbänden besetzt wurde. Wie militärisch erforderlich und berechtigt dies war, zeigte sich einige Tage später, als am 8. November 1942 englische und amerikanische Truppenverbände in Nordafrika landeten. In Vichy witterte man Morgenluft. Aber auch in Berlin schlief man nicht. Die Lage war ernst. Hitler berief am 9. November 1942, unmittelbar nach der alliierten Landung in Nordafrika, eine Konferenz nach München ein, an der er sowie Graf Ciano, Pierre Laval und Ribbentrop teilnahmen. Es ging um die strategischen Aktivitäten, die Engländer und Amerikaner gemeinsam an der nordafrikanischen Küste entfalteten. Hitler verdeutlichte das Recht und die Pflicht des Reiches, die bisher unbesetzte Zone Frankreichs gegenüber einer eventuell zu erwartenden Invasion der Anglo-Amerikaner zu verteidigen. Man wolle, kurz gesagt, verhindern, daß französisches Territorium erneut zum Kriegsschauplatz werde. Hitlers Plan war, gemeinsam mit französischen Streitktäften, anglo-amerikanische Landungsversuche in Südfrankreich zu zerschlagen. Pierre Laval nahm bedrückt die Aufhebung des Status der „unbesetzten Zone" seines Landes zur Kenntnis und verließ die Konferenz mit der Anmerkung, daß Frankreich nach der erlittenen Niederlage nicht in der Lage sei, einen Verteidigungsbeitrag zu leisten. Geschickt verband Laval diese Feststellung mit dem Schicksal der französischen Kriegsgefangenen in Deutschland, um deren baldige Entlassung er bat. Diese attendistische Haltung Lavals entsprach sichtlich dem Willen Pétains.

Dem italienischen Außenminister, Graf Ciano, wurde vonseiten Ribbentrops klipp und klar erklärt, daß die Einsatzbereitschaft der Italiener an der Ostfront wie auch in Nordafrika mehr als mangelhaft sei. Bei Stalingrad beispielsweise hatten Die Russen Mitte Dezember 1942 einen Durchbruch erzielt, der nur durch lahmen Widerstand dort eingesetzter italienischer Truppen zustandekam. Überall mußten deutsche Verbände in das Kriegsgeschehen eingreifen, um die Verluste der Italiener sowohl im Osten als auch in Nordafrika wieder wettzumachen. Deutlich sichtbar war die Verzettelung deutscher Streitkräfte, die von Winston Churchill bewußt inszeniert wurde.

Ende Dezember 1942 wurde das Stabsquartier der 159. Infanterie-Division von Clermont-Ferrand nach Châtel-Guyon verlegt, einem bekannten französischen Kurort. Der Divisionsstab wurde in dem ehemaligen „Hôpital militaire" – einem Krankenhaus – untergebracht, in welchem in der Zeit des 1. Weltkrieges verwundete farbige Soldaten der französischen Armee Aufnahme und Heilung fanden. General Meyer-Rabingen beauftragte mich, bei erforderlichen Verhandlungen mit den französischen Behörden (Mairien und Präfekturen) zu dolmetschen. Die französische Verhandlungstaktik allgemein war immer höflich und zuvorkommend. Der Franzose vergaß jedoch nie, wenn auch verschleiert, seine nationale Rolle zu spielen. Seine Verzögerungs- und Verschleppungstaktik im Mantel unverbindlicher Höflichkeit war sprichwörtlicher Attendismus. Frankreich setzte geduldig auf „Zeit".

Den Heiligen Abend des Jahres 1942 feierte der Divisionsstab im kleinen Hotel „Univers" zu Châtel-Guyon, deutsche Weihnachtslieder singend. Der Hotelbesitzer, ein Spanier, mit dem ich befreundet war, sorgte für gutes und reichliches Essen. Ebenso für süffigen Rotwein. Um Mitternacht sang ich, begleitet von einer kleinen Kapelle, französische Chansons für die anwesenden französischen Gäste, die dies aufmerksam registrierten. Die menschliche Kälte von Clermont-Ferrand war hier im Hotel Univers zu Châtel-Guyon einer herzli-chen Wärme gewichen. Der Divisionsstab verblieb in diesem französischen Kurort bis Ende Januar 1943.

Unterdessen fand am 23. Januar 1943, von der Weltöffentlichkeit stark beachtet, an der Atlantikküste von Nordwestafrika, im marokkanischen Casablanca, eine Konferenz zwischen Roosevelt und Churchill statt. Beide forderten die bedingungslose Kapitulation Deutschlands und seiner Verbündeten im Hinblick auf die schwierige Lage der Achsenmächte an der Ostfront und in Nordafrika. Ciano plädierte, Hitler gegenüber, für einen den Sowjets anzubietenden Waffenstillstand, damit die freiwerdenden Reserven gegen England, besonders in Nordafrika, eingesetzt werden könnten. Hitler lehnte dies ab. Er durchschaute die geheimen Erwartungen des Schwiegersohnes von Mussolini.

Noch hatten besonders die deutschen Luft- und Seestreitkräfte beachtliche Erfolge gegenüber den Alliierten zu verzeichnen. Da veränderte sich aber das strategische Bild schlagartig, als die deutsche 6. Armee bei Stalingrad am 3. Februar 1943 in Eis und Schnee kapitulieren mußte. Der eigentliche Wendepunkt im 2. Weltkrieg war erreicht. Die amerikanische Hilfe an die stark und im Ausbluten begriffene Rote Armee machte sich hier, nicht zum ersten Male, entscheidend bemerkbar. Kleinlaut gaben die deitschen Rundfunkstationen die im Osten erlittene militärische Niederlage zu. Die westliche und internationale Presse erschien in dicken Schlagzeilen. Im Februar 1943 wurde ich zur deutschen Kommandantur nach Riom versetzt, einer mittelfranzösischen Kleinstadt. Unweit davon, in einer Entfernung von nur einigen wenigen Kilometern, residierte in Vichy die französische Regierung unter Pétain und Laval. Die Elite der französischen Politik vor 1940 war im Schloß Bourrassol zu Riom interniert. Es waren dies: der 1937 amtierende sozialistische Ministerpräsident Léon Blum, der 1938 das Münchner Abkommen für Frankreich unterzeichnende Radikalsozialist und Ministerpräsident Edouard Daladier, der französische Verteidigungsminister, General und Oberbefehlshaber der englisch-französischen Streitkräfte von 1939/1940, Gamelin sowie Guy-la-Chambre, ehemaliger Finanzminister des Kabinetts Daladier. Diese Herren hatten im majestätisch wirkenden Schloßpark von Bourrasol fast uneingeschränkte Bewegungsfreiheit. Sie wurden von der Schloßbewachung respektvoll bedient und behandelt. Man brachte ihnen von deutscher Seite Achtung entgegen. Sie hatten im Schloß hervorragende Schlafgelegenheiten sowie fürstliches Mobiliar und radelten sogar des öfteren in den Parkanlagen herum und promenierten dort. Die Sieger des Westfeldzuges von 1940 dagegen mußten bei der französischen Administration um jeden Strohsack betteln, auf dem sie nachts in der Kaserne von Riom schliefen.

In Riom, St. Étienne und im südlichen Frankreich, der Provence, inszenierte die vorwiegend von Kommunisten beherrschte Résistance immer mehr Anschläge auf deutsche Munitionsdepots, Soldaten und Offiziere. Der versteckte Widerstand nahm täglich zu. Man spürte förmlich die geschickt angelegte Arbeit des „Secret Service", des englischen Geheimdienstes, der auch zahlreiche Agenten aus der neutralen Schweiz in Zivil in die bisher unbesetzte Zone Frankreichs einschleuste. Dieser „Secret Service" startete im Frühjahr 1943 einen großangelegten Befreiungsversuch. Sein Ziel war die Aushebung des Schlosses Bourrassol in Riom und damit verbunden die Befreiung Daladiers, Gamelins und Blums aus der Internierung. Diese im französischen Volk populären Politiker sollten eine Gegenregierung zu dem alternden Maréchal Pétain in Vichy bilden und mit Charles de Gaulle in London zusammengebracht werden. Aus eigener Sicht muß man heute feststellen, daß die Chefs des weit verzweigten englischen Spionagenetzes bessere Qualitäten des Intellekts aufzuweisen hatten als die deutsche „Gestapo", die eigentlich fast immer zu spät kam.

In einer Februarnacht des Jahres 1943 wurde auf deutscher Seite Alarm ausgelöst, die Kommandantur von Riom personell besetzt sowie die Telefonverbindungen mit Polizei, Bürgermeisterei und Präfektur aufgenommen. Das alamierte Infanterie-Bataillon suchte das Territorium von Riom ab, da englische Fallschirme am Nachthimmel über Schloß Bourrassol gesichtet wurden. Sie warfen Waffen und Lebensmittel für die Internierten ab. Ein erstaunliches Zeichen britischer Aktivitäten in einem von deutschen Truppen besetzten Land. Diese

Waffenabwürfe wiederholen sich im Laufe des Monats Februar 1943 mehrmals. Es wurden jedesmal die niedergegangenen englischen Fallschirme vorgefunden, jedoch keine Piloten. Tags darauf konnte man ganz deutlich die eingetretene Nervosität der internierten französischen Staatsmänner beobachten und registrieren. Edouard Daladier beispielsweise, ehemals lehrender Professor für Mathematik an der Sorbonne in Paris, raste förmlich beim Spaziergang im Park an den Zäunen des Schlosses Bourrassol entlang und stoppte mit seiner Stoppuhr die beim Gehen erzielte Zeit. Unruhig, aber scharf denkend. Man nannte ihn 1938/1939 in Frankreich den „Tiger", eine bullig untersetzte Gestalt, stiernackig. Gamelin berührte des öfteren mit der rechten Hand beim Spaziergang seine Stirn so, als ob er selbst in der Internierung strategisch etwas aushecken wolle. Die nächtlich niedergehenden englischen Fallschirme regten ihn als ehemaligen Chef des französischen Generalstabes offensichtlich zum Nachdenken an. Signale der erhofften Freiheit? Léon Blum, jüdischer Sozialist und 1937 Ministerpräsident der Volksfrontregierung in Paris, benahm sich sehr ruhig und zurückhaltend. Er war im Februar 1943 immerhin schon 71 Jahre alt, war klein und nicht bei bester Gesundheit, kränkelte und fühlte sich körperlich schwach. Blum starb im Alter von 78 Jahren, und zwar im Jahre 1950. Zu Lebzeiten strahlte er tiefe Menschlichkeit aus.
Aufgrund der sich verschärfenden Aktionen der im Untergrund operierenden Widerstandsbewegung einerseits und der britischen Aktivitäten im mittelfranzösischen Raum andererseits, sah sich die deutsche Reichsregierung gezwungen, die vier Internierten vom Schloß

Bourrassol nach Deutschland zu überführen. Diese Aktion setzte so unerwartet und schlagartig ein, daß die französische Bevölkerung von Riom nicht ahnen konnte, um welche Insassen es sich handelte, die in einer langen Automobilkolonne den Weg ins Reich antraten. Madame Blum erschien 24 Stunden vor der Abfahrt der Internierten auf der Kommandantur in Riom mit der Bitte, ihren Ehemann nochmals sprechen und ihm einen Koffer mit Kleidung und Wäsche übergeben zu dürfen. Dies geschah denn auch. Ich tröstete Madame Blum und gab ihr gegenüber der Hoffnung Ausdruck, daß der Krieg bald zu Ende gehen werde. Sie nahm von ihrem Mann gerührt und weinend Abschied. Das Schloß von Bourrassol war leer. Der Schlüssel wurde der französischen Bürgermeisterei übergeben. Ein geschichtlicher Augenblick. Englische Fallschirme über und in dem Schloßpark wurden nicht mehr gesichtet. London hatte reagiert.

Unruhige Provence/Italien kapituliert
April 1943 – September 1943
– Die Kriegswende –

Ende April 1943 verließ die 159. Infanterie-Division Riom und den mittelfranzösischen Raum in Richtung Süden. Sie gelangte über Lyon, der Scheide zwischen Mittel- und Südfrankreich, immer der Rhone entlang, Anfang Mai 1943 nach Aubagne, unweit von Marseille. In knapper Entfernung war das Mittelmeer zu sehen. Man spürte förmlich den Mistral, wie er Kopf und zentrales Nervensystem beeinflußte und über die Küstenlandschaft der französischen Riveria eher sanft peitschte. In der heißesten Gegend Südfrankreichs flimmerte die Luft. Straßen und Wege brodelten wie Teerkessel in der südlichen Hitze. Aubagne war erreicht. Etwa 8 Kilometer von Marseille gelegen, Standort der französischen Fremdenlegion, der „Légion étrangère", sowie bedeutende Automobil- und Reifenindustrie aufweisend. Wiederum wurde ich der auf dem Zentralplatz der Stadt gelgenen deutschen Kommandantur zugeteilt. Im Schatten der Bäume spielten ältere Männer Boule, das Spiel mit den runden Eisenkugeln. Das Spiel der Provence. Ich wohnte privat im Hause eines französischen Rechtsanwaltes, der ab 1946 in die französische Nationalversammlung nach Paris delegiert wurde. Mit ihm und seiner Familie herrschte ein absolut freundschaftliches Verhältnis. Er repräsentierte den französischen Mittelstand, also die bürgerliche Mitte. Zur Kommandantur gesellte sich noch die elsässische Familie Seiler, die mit bewundernswerter Gemütlichkeit und Lässigkeit mit der französischen Administration verhandelte. Ohne jegliche Spontanität. Man hatte sogar oft den Eindruck, daß diese Elsässer insgeheim mit den Franzosen kooperierten. Deutschen Interessen schadeten sie nicht direkt, wenn auch ihre Verhandlungsart sehr schleifend und verzögernd war. Attendistisch. Dem deutschen Naturell der Schnelligkeit und Präzision entsprachen sie keinesfalls. Die deutsche und die französische Sprache beherrschten sie nur mäßig. Man ließ sie aber gewähren, weil sie zu wirklichen Beschwerden keinen Anlaß gaben und zur französischen Bevölkerung guten Kontakt hatten. Mit diesen elssäsischen Kommandanturhelfern machten wir sonntägliche Autofahrten über Marseille, der Riviera entlang bis nach Nizza. Wir badeten im Mittelmeer. Herrlich weißer Sand an der Küste, Palmen ohne Ende. Stahlblauer Himmel. Franzosen und Deutsche bevölkerten die weißen Strände, besonders bei Cassis. Vom Krieg spürte man hier nichts, außer der sich mehr und mehr ausbreitenden Lebensmittelknappheit der französischen Bevölkerung. Vor allem Brot und Fett waren Mangelware. Wein gab es in dieser gesegneten Landschaft genug. Die heiß brennende Sonne war täglich unser treuester Begleiter. Sie setzte, meist im August jeden Jahres, große Waldflächen hinter der Küste bis Aix-en-Provence und Arles in Brand. Die französische Feuerwehr rollte von Einsatz zu Einsatz. Gespenstisch am glühenden und flimmernden Himmel die sich ausbreitenden gewaltigen Feuersäulen. Man hatte jedesmal den Eindruck, daß sie von Menschenhand nicht gebändigt werden konnten. Das Hinterland brannte.

Was mich sehr stark beeindruckte, war das Leben und Treiben in der südlichen Provence im allgemeinen und die Stadt Marseille im besonderen mit ihren ca. 700.000 Einwohnern: eine blühende Handelsstadt, von den Römern in der Zeit um 600 vor Christi Geburt gegründet. Sie trug einst den römischen Namen Massilia. Unübersehbar, am Mittelmeerhafen stehend, grüßt die Wallfahrtskirche Notre Dame de la Garde, auf einem Felsen erbaut, der aus dem Meer herausragt. Das Standbild der Mutter Gottes mit der vergoldeten Krone zeigt den Handelsschiffen den Weg zur Hafeneinfahrt. Von der Stadt aus direkt zum Hafen von Marseille gelangt man über die im Zentrum gelegene Prachtstraße dieser Stadt, die Canebière. Schon von Weitem erblickt man, auf diesem herrlichen City-Boulevard promenierend, Hafen und Meer. Ein einmaliger Anblick. Lebhaft gestikulierend, bunt und leicht gekleidet, schiebt sich das Volk der Provence über die Canebière. Ameisengleich. Schon in der Frühe im Bistro seinen Cognak trinkend, die Gaulloise lässig im Mundwinkel, begibt sich der Franzose zur Arbeit. Man spricht dort französisch mit deutlich italienischem Akzent. Auf der rechten Seite dieser Prachtstraße, etwas im Hintergrund liegend, steht die Börse (La bourse). Ihr gegenüber auf der linken Seite des Boulevards weist eine Gedenktafel daraufhin, daß an deren historischer Placierung im Jahre 1934 König Alexander von Jugoslawien, in Begleitung des französischen Außenministers Barthou, von kroatischen Nationalisten erschossen wurde. Dies anläßlich eines Staatsbesuches des jugoslawischen Königs in Frankreich, im Zeichen der Kleinen Entente.

Marseille, Sammelpunkt aller Rassen und Völker. Dort tummeln sich, nicht nur im Hafen, Neger, Chinesen, Japaner, Siamesen, Türken , Holländer etc. Auch im

„Alten Hafen" (Le vieux port) inmitten der Altstadt, Variétées und Cabarets. Auf der Canebière Wettbüros, Eisdielen, abgedunkelte und kühle Kneipen. Im Mistral sich bewegende Bambusstäbchen lassen die flimmernde Hitze nicht in die Innenräume eindringen. Altertümlich wirkende Straßenbahnen fahren klappernd an Palmen und Mittelmeer entlang. Am Hafen selbst spürt oder ahnt man die nicht allzugroße Entfernung von der nordafrikanischen Küste. Vor 1939 dort der legale Handel zwischen dem Schwarzen Kontinent und Frankreich, heute im Mai 1943 blühender Schwarzmarkt mit Raritäten wie Bohnenkaffee, Reis, Butter, Südfrüchte und Schokolade. Zeitungsverkäufer mit heiseren Kehlen bieten laut schreiend die Provinzzeitung „Le soleil" (Die Sonne) an. Der Franzose klammert sich an die neuesten Schlagzeilen, die aus Nordafrika berichten. Generalfeldmarschall Erwin Rommel, seit 1941 Oberbefehlshaber des deutschen Afrikakorps, wehrt sich mit seinen Einheiten heldenhaft im Wüstensand gegen die dort operierenden übermächtigen Anglo-Amerikaner. In den düsteren Hafenkneipen des „Port vieux" diskutierten erregt Marokkaner, Algerier und Araber. Hier kann man nur mit entsicherter Pistole einen kühlen Drink bestellen. Die Gefahr lauert an jeder Ecke.

Am 7. Mai 1943 kapitulieren die deutsch-italienischen Truppen in Tunis. Engländer und Amerikaner landen am 10.7.1943 in Sizilien. Ihr Plan, die Invasion in Südfrankreich zu starten, wurde ad acta gelegt. Italien bot ihnen bessere Chancen. Mussolini war deprimiert. Sein Volk hatte offensichtlich vom Krieg genug. Es konnte, nach Berrechnung der westlichen Geheimdienste, nicht mehr lange dauern, daß die faschistische Diktatur in

Rom ihrem Ende entgegenging. Diese Kalkulation ging 100% auf. Am 25. Juli 1943 wurde Benito Mussolini vom Faschistischen Großrat abgesetzt. König Victor Emmanuel III. ließ den Duce verhaften und im Gran Sasso, einem Gebirgsstock der italienischen Abruzzen, geheim verstecken. Der neue Regierungschef hieß Marschall Badoglio. Unter dem Druck Hitlers und Ribbentrops stehend, erklärte er scheinheilig, den Krieg gegen die Westmächte an der Seite Deutschlands weiterführen zu wollen, leitete aber wahrheitswidrig im Geheimen den Abfall Italiens ein. Treulos, wie im Verlaufe des 1. Weltkrieges im August 1916, als dieses Land aus dem damaligen Dreierbund austrat und seinen Verbündeten inmitten der Kriegshandlungen den Krieg erklärte. Anfang August 1943 wurde die 356. Infanterie-Division, der ich nunmehr angehörte, von Aubagne auf die ostwärts von Toulon im Mittelmeer liegende Inselgruppe von Hyères-St. Salines verlegt. Dies offensichtlich aufgrund der sich in Italien anbahnenden Ereignisse. In Hyères selbst, einer Kleinstadt von ca. 30.000 Einwohnern, wird aus dem salzhaltigen Meer das gewonnene Salz verarbeitet und auf den Markt gebracht. Hier im Mittelmeer bei brütender Sonne badend, wirkte das Salz auf unsere Körper wie brennendes Kristall. Nach Beendigung des 2. Weltkrieges stellte die Stadtverwaltung von Hyères der weltbekannten farbigen amerikanischen Tänzerin Josephine Baker auf der vorgelagerten Inselgruppe ein Haus zur Verfügung, in welchem dieser dunkelhäutige Weltstar uneigennützig und aus eigenen Mitteln, bis zum eigenen finanziellen Ruin, Kinder aller Rassen aufnahm und mütterlich betreute. Josephine Baker selbst, 1906 geboren, trat vor 1939 in vielen be-

kannten Pariser Cabarets als Chansonette und Tänzerin auf. Sie liebte Frankreich und blieb als Amerikanerin mit diesem Lande immer eng verbunden.
Nur wenige Kilometer von Hyères entfernt, liegt die südfranzösische Hafenstadt Toulon mit ihren ca. 150.000 Einwohnern. Toulon ist der größte französische Kriegshafen. Arsenal der dort stationierten Marine. Die Stadt selbst macht einen etwas provinziellen Eindruck. Mit der Dynamik Marseilles nicht vergleichbar. Auf den Marktplätzen wird von meist italienischen Händlern Obst und Gemüse laut schreiend angeboten. Sie wetzen hinter jedem Passanten her, um ihn zum Kauf zu animieren. Französische Marinesoldaten bevölkern das Straßenbild, meist unsoldatische Erscheinungen. Sie wirkten eher als Narren und Possenreißer in dieser Hafenstadt. An ihren Marineuniformen erblickt man die Nationalfarben blau-weiß-rot, aber auch kitschig wirkende unechte knallrote Rosen. „Les soldats de la Marine" bummeln, vom Arsenal kommend, die kleinen Gassen des Hafenviertels entlang und amüsieren sich meist in dunklen und dreckigen Kaschemmen. Der Krieg hat sie verschont. Die französische Marine kam nie zum Einsatz. Teile der Kriegsflotte im Arsenal wurden bekanntlich Ende Oktober 1942 auf Befehl des zu den Amerikanern übergelaufenen Admirals Darlan versenkt. Ein Possenspiel der Geschichte. Noch im August 1943 spürte man in den Gassen der Hafengegend eine gewisse Unruhe. Signale des Widerstandes. Ein deutsches Marine-Kommando hatte den Hafen von Toulon besetzt und überwachte ihn.
Von Sizilien aus landeten am 3. September 1943 die alliierten Anglo-Amerikaner an der Südspitze des italieni-

schen Festlandes. Die Invasion der Achsengegner in Italien hatte begonnen. Die Kriegsmüdigkeit der Italiener erreichte ihren Höhepunkt. Die britische Propagandamaschine lief auf Hochtouren. Am 8. September 1943 schließlich kapitulierte Italien den Westmächten England und Amerika gegenüber. Marschall Badoglio unterschrieb die Kapitulationsurkunde. Deutsche Truppen bauten indessen auf der Apeninnen-Halbinsel eine massive Abwehrfront gegen die dort gelandeten Anglo-Amerikaner auf. Überall bildeten sich, besonders in Mittelitalien und in der Toscana, von Kommunisten gelenkte Partisanengruppen, die lautlos und hinterrücks Anschläge gegen deutsche Soldaten und Munitionsdepots verübten. Der Achsenpartner, das Königreich Italien, war abgefallen. Die letzte Stunde des Faschismus hatte geschlagen. Sein Schöpfer, Benito Mussolini, befand sich seit dem 25. Juli 1943 als machtloser Gefangener im geheimgehaltenen Versteck der antifaschistischen Verschwörer in den Abruzzen. Er wurde, 4 Tage nach der italienischen Kapitulation, am 12. September 1943, in einer strapaziösen und abenteuerlichen Einzelleistung vom SS-Offizier Otto Skorzeny befreit. Dies im Auftrage Hitlers, der seinen Freund in dessen schwerster Stunde nicht im Stich lassen wollte. In grosser Aufmachung berichtete die internationale Presse von diesem gelungenen Husarenstreich. In Norditalien rief der Duce eine neue „faschistisch-soziale Republik" aus als Gegenregierung zu Badoglio. Mussolini führte jedoch nur noch ein politisches Schattendasein auf Zeit. Am Comer See wurde er 1 Jahr später, 1944, von italienischen Partisanen grausam ermordet.

Die noch im August 1943 im Raume Toulon, Marseille, Nizza liegende 4. Königlich-Italienische Arme wurde aufgrund eines Befehls des deutschen Oberkommandos von uns entwaffnet. Die Franzosen atmeten auf; denn Rom hatte ja bei Kriegseintritt 1940 die Absicht, Marseille, Toulon, Nizza und Korsika zu annektieren. An einem brutheißen Augusttag des Jahres 1943 legten Soldaten und Offiziere der 4. Italienischen Armee ihre Waffen willenlos ab. Der dort stationierte deutsche Heeresverband sowie die 356. Infanterie-Division machten große Beute: Lastkraftwagen, Benzin, Autos, Zigaretten und große Lebensmittelvorräte wanderten in deutsche Depots. Die Gesichter der Italiener waren von Kriegsmüdigkeit gezeichnet. Hinzu kam der gravierende Standesdünkel des italienischen Offizierskorps seinen Soldaten gegenüber. Diese taumelten mit den uns begeistert zugerufenen Worten „finita la guerra" (der Krieg ist zu Ende) in die Kapitulation hinein. Die bequemen italienischen Offiziere, kriegsmüde, ließen sich in ihren eleganten Uniformen, die Schwänze ihrer Pferde festhaltend, durch die Straßen von Toulon förmlich nachziehen, Gefangene der an der französischen Mittelmeerküste stationierten deutschen Armee. Am Straßenrand stand spöttisch grinsend die französische Bevölkerung. Nur der italienischen Flotte gelang es, im letzten Augenblick von La Spezia nach Malta zu entkommen. Die von Marschall Pétain beschworene und geforderte Geduld hatte sich gelohnt. Der 8. September 1943 bestätigte dies vollends. In Rom kapitulierte bekanntlich die Regierung Badoglio gegenüber der westlichen Allianz.

Privatmann in Uniform
– Marschbefehle ins „Ungewisse" –
Oktober 1943 – Dezember 1943

In Toulon brütete im September 1943 die Hitzewelle unbarmherzig weiter. Der Mistral strich über Küste und Hinterland. Da erschien im Oktober des gleichen Jahres ein Heeresarzt im Range eines Generals im Divisionsstabsquartier. Ein unauffälliger und sehr bescheidener Offizier. Vaterfigur. Er suchte einen Dolmetscher, der ihm den französischen Behörden gegenüber weiterhelfen sollte. Man schlug mich vor. Ich reiste, von Toulon Abschied nehmend, mit ihm zum Kriegslazarett nach Aix-en-Provence, wo erkrankte deutsche Soldaten behandelt und medizinisch betreut wurden. Die nördlich von Marseille im Hinterland der Provence gelegene Stadt hatte etwa 50.000 Einwohner. Schattenspendende Baumreihen durchzogen die alleenartigen Straßen dieser ruhigen Stadt des Südens. Nach 8 Wochen wurde der Generalarzt nach Deutschland abkommandiert. Wir verabschiedeten und als Freunde. Auch ich verließ Aix-en-Provence, um mich wieder Anfang Dezember 1943 im Stabsquartier der 356. Infanterie-Division in Toulon zurückzumelden. Vergeblich. Dort und auch in Marseille wußte keine Frontleitstelle, wo sich mein Truppenverband jetzt aufhielt. Er sei aus dem südfranzösischen Raum abgezogen worden. Wohin, blieb unbekannt. Die Situation konnte für mich nicht günstiger sein.
Ganz auf mich alleingestellt, packte mich ziviles Reisefieber. Ich meldete mich zwar zum Scheine „pflichtbewußt" einmal täglich bei irgendeiner deutschen Kom-

mandantur. Keine aber konnte mir weiterhelfen. Keine wußte, wo sich meine Division befand. Jeden Tag ließ ich mir einen neuen Marschbefehl mit neuem Ziel und neuem Proviant ausstellen. Ich lebte wie ein König. Frei, wie im Frieden. Ich lachte innerlich über den dummen Wildwuchs der Bürokratie, der mir meine Reise-Eskapaden mitten im Krieg unfreiwillig ermöglichte. In der ersten Nacht bekam ich in Toulon im Hotel „Prinz Albert" ein Zimmer zugewiesen. Das Hotel liegt direkt dem Bahnhof gegenüber. Palmen, Sonnenschein und in der Ferne sichtbar die schneebedeckten Firne der Savoyer Alpen. Als Infanterist hatte ich noch nie eine so gute Verpflegung erhalten wie im Arsenal von Toulon, dem französischen Kriegshafen. Neidvoll bewunderte ich die deutschen Marinesoldaten, die etwas mitleidig jedem auf der Bildfläche im Arsenal erscheinenden Infanteristen entsprechenden Trost spendeten.

Von Toulon mit neuem „Marschbefehl" und Proviant Abschied nehmend, gelangte ich Anfang Dezember 1943 nach Nizza. Perle der französischen Riviera mit Spielbank und Filmstudios. Den bescheidenen Bahnhof dieser eleganten Stadt verlassend, bewunderte ich die im Dezember noch warm scheinende Sonne des Südens. Zwei Tage verbachte ich dort in einem der vielen internationalen Hotels mit amerikanischen, englischen, deutschen, französischen und holländischen Namen. Diese herrlich aussehenden weißen Paläste stehen direkt an der weltberühmten Strandpromenade, dem Boulevard des Anglais. Breite Alleenstraßen, von gewaltigen Palmen überdacht, mildern die brennende Sonne der Provence. Im Casino von Nizza trifft sich in Friedenszeiten das internationale Weltbürgertum, Roulette spielend. Dem Casino vorgelagert, der Strand von Nice mit blütenweißem Dünensand, Steinen, Strandkörben und exotischen Palmen. An der Mittelmeerküste selbst herrscht reger Verkehr: farbige Eisbuden, Schokoladen- und Traubenverkäufer. In den Cafés spielen weltbekannte Kapellen die Melodien des Friedens, die teilweise übertönt werden vom Wellengang des nahen Meeres. Dort sitzen mit Fächern wedelnde Damen, die in der heißen Sonne nach Erfrischung schmachten. Nizza, Perle des Mittelmeeres, vom Strand aus gesehen eine einzigartige Fassade. Unmittelbar dahinter aber die trübe Kulisse der Altstadt. Ärmliches Proletariat kauert in den engen, verschmutzen Gassen und bettelt um französische Franken, deutsche Pfennige und sonstige internationale Devisen. In jenen Dezembertagen des Jahres 1943 sammeln unterernährte Kinder und abgemagerte Erwachsene die von Soldaten und wohlhabendem Bürgertum achtlos weggeworfenen Zigarettenstummel. Im Dreck der Gosse spielen hier die armen Kinder des Südens, Mitleid erregend. Bunte Wäsche baumelt, an Leinen befestigt, in den engen Gassen. Von Fenster zu Fenster, zum Gegenüber. Den südlichen Zauber des blauen Himmels vermißt man hier. Er erreicht nicht die dunklen Gassen der Altstadt. Reichtum und Elend leben hier in Nizza nebeneinander. Sklaven des Alltags und Herren des Geldes. Nur durch ein paar Häuserzeilen getrennt. Luxus und Armut, Millionäre und Bettler, Spielbank und Wohlfahrtsamt, Sonne und Finsternis, Palmen und Straßendreck, Reichtum und romantischer Verfall. Die letzte Nacht in Nizza vermittelte mir beim Rauschen des Meeres, nochmals halb träumend, die hinter mir liegende Bahnfahrt von Toulon hierher immer der Rivieraküste entlang über St. Tropez, Cannes und Antibes. Weltberühmte Badeorte. Am nächsten Morgen verließ ich Nizza, begab mich schlaftrunken zum Bahnhof und bestieg den Zug nach Ventimiglia, Richtung italienische Grenze. Immer dem Mittelmeer entlang. Ein einfacher Gefreiter, seinen Truppenverband „suchend". Für einige Minuten hielt der Zug in Monaco an, dem selbstständigen kleinen Fürstentum. Seit 1865 ist Monaco durch eine Zollunion mit Frankreich verbunden und wird auch außenpolitisch durch dieses Land vertreten. Innenpolitisch ist es frei und unabhängig, ein Steuerparadies. Die 2.000 Monegassen haben keinerlei Abgaben zu entrichten dank der ständig sprudelnden Einnahmen der Spielbank von Monte Carlo, der Hauptstadt des Fürstentums. Aus dem Fenster des Eisenbahnabteils schauend, erblicke ich die auf Felsen erbauten Paläste, die majestätisch zum Meer hinunterschauen. Die Prinzengarde ist am Fürstenschloß aufmarschiert und präsentiert in prachtstrotzenden Uniformen das Gewehr. Die Szene wirkt mittelalterlich, bunt und eindrucksvoll. Monte Carlo, welch ein Name! Millionen Menschen träumen von Dir! Vom Casino, in welchem die Roulettekugel gleichförmig oder ungestüm rollt. Oberhalb des Meeres. Welche menschlichen Schicksale haben sich hier abgespielt. Millionäre wurden hier zu Bettlern und mittelständige Bürger zu wohlhabenden Leuten.

Der Zug rollte gemächlich weiter über Mentone an die italienische Grenze, dort in der kleinen Grenzstadt Ventimiglia anhaltend. Italien war erreicht. Auf den Straßen und Plätzen dieser Grenzstadt spricht man gemischt französisch und italienisch, südlich wild gestikulierend.

Im Grenzbahnhof tausche ich die französischen Franken in italienische Lire ein, nachdem ich mir von der dort ansässigen deutschen Kommandantur einen neuen „Marschbefehl ins Ungewisse" ausstellen ließ. Mein Ziel hieß Italien, von dem ich bisher nur hörte und las. Bella Italia! Ein Privatier in Uniform. Der Zug rollte weiter, immer der ligurischen Mittelmeerküste entlang. Erstmals erlebte ich die italienische Riviera in ihrer einzigartigen Schönheit: Palmen, Felsen, Meeresrauschen, Sonne. Es grüßten im Vorbeifahren San Remo, Imperia, Alassio, Albenga, Santa Marina, Finale Marine, Finale Ligure, Savonna sowie die alte Hafenstadt Genua, die terrassenförmig zum gleichnamigen Golf herabfällt. Ich wohne im „Albergo Italia", einem kleinen Hotel im Herzen Genuas. Altertümlich anmutende Straßenbahnen durchfahren die boulevardähnlichen breiten Strassen. Unzählbare Händler bieten in der Vorweihnachtszeit des Kriegsjahres 1943 schreiend und gestikulierend ihre Waren an: Diamanten, Ringe, Perlen. Die ersten Dollars, vom Kriegsschauplatz der südlichen Stiefelspitze kommend, erscheinen auf dem Schwarzmarkt. Hier wird alles zu unerschwinglichen Preisen angeboten: Gold, Gänse, Enten, Wild, Stoffe und Textilien. Auch das Tauschgeschäft auf offener Straße und in den Läden blüht. Genua, diese uralte Handelsstadt mit ihren 750.000 Einwohnern. Christoph Columbus wurde hier im Jahre 1451 geboren. Er entdeckte bekanntlich als in spanischen Diensten stehender italienischer Seefahrer die Neue Welt, Amerika. In den engen Altstadtgassen des Hafens befindet sich Hafenkneipe an Hafenkneipe. Dunkle Gestalten bevölkern die Gassen. Kleingewachsene schwarzhaarige Italiener, die von der Rekrutierung zum Militärdienst irgendwie nicht erfaßt wurden, betreiben hier ihre vom italienischen Staat erlaubten Schwarzmarktgeschäfte. Nach einigen Tagen Aufenthalt im schönen Genua reiste ich nach Verona und Mailand, um auch diese Städte zu sehen und kennenzulernen. Unerwartet aber schlug die Stunde des Abschieds vom „uniformierten Privatmann". Dies, als ich mich morgens im Mailänder Bahnhof zur deutschen Kommandantur begab, um mir einen neuen „Marschbefehl ins Ungewisse" zu besorgen. Der dortige Kommandant stellte plötzlich – zu meiner Überraschung – fest, daß meine Einheit sich in Imperia in der Kaserne Crespy an der italienisch-ligurischen Küste des Mittelmeeres befinde. Dort angekommen, meldete ich mich im Januar 1944 beim Bataillonsstab des Infanterie-Regiments 870, das aus dem Divisionsverband der 356. Infanterie-Division ausgeschieden war. Diese Umstrukturierung erfolgte wegen der zugespitzten militärischen Lage in Süditalien. Das Regiment war dafür vorgesehen, dem 57. Gebirgsarmeekorps zugeteilt und in Mittelitalien zur Küstenverteidigung eingesetzt zu werden.

Partisanen in der Toscana und an Liguriens Küste
Januar 1944 – Mai 1944

Wir blieben noch 14 Tage in Imperia, der Stadt zwischen San Remo und Alassio. Zahlreiche kleine weiße Villen direkt am Strand oder dahinter ließen Reichtum vermuten. Olivenhaine durchziehen die breiten Straßen von Imperia. In einem dieser von Parks und erfrischenden Wasserspielen umgebenen Prachtbauten von Imperia-Oneglia, hart an der Mittelmeerküste, wohnte sehr zurückgezogen der damals schon 64 Jahre alte weltbekannte Musikalclown Grock. Seine brühmteste Zirkusnummer, die er sogar noch mit 70 Jahren seinem Publikum unnachahmlich präsentierte, war „der Sprung aus dem Stuhl". Grock war Schweizer Staatsbürger. In seinem italienischen Domizil, der „Villa bianca", lebte er unter seinem bürgerlichen Namen Doktor Adrian Wettach. Er starb im Jahre 1959 im Alter von 79 Jahren. Ihm gehörte in Imperia eine Fabrik, die aus Oliven Öl herstellte. Im Januar 1944 lernte ich den weltberühmten Musikalclown in seiner im siamesischen Tempelstil errichteten weißen Villa kennen. Dies anläßlich eines Gesprächs, das ich im Auftrag des Regimentskommandeurs mit Grock zu führen hatte. Anwesend war auch der damals 36-jährige Hans Schwarting aus Frankfurt, der in der Nachkriegszeit als Partner Grocks auftrat. Schwarting selbst war Unterhaltungskünstler und ausgebildeter Sänger. Er absolvierte seinen Wehrdienst im Infanterie-Regiment 870, dem auch ich zugeteilt war. Wir beide hatten den Auftrag, bei Grock zu sondieren, ob dieser bereit sei, im Rahmen der kulturellen Soldatenbetreuung ab und zu bei der deutschen Wehrmacht im italienischen Mittelmeerraum aufzutreten. Grock tat uns, menschlich mitempfindend, gern den Gefallen. Er sagte zu. Der große Clown, Humorist und Philosoph gab des öfteren an der ligurischen Küste seine unvergeßlichen Vorstellungen, sogar einmal in einem deutschen U-Boot im Raume Livorno-Pisa. Er beherrschte mit seinem unverkennbaren Schweizer Akzent zahlreiche Fremdsprachen.

Nachdem unser 2-Wochen-Aufenthalt in Imperia beender war – ich gehörte dem Bataillonsstab an –, wurde das Infanterie-Regiment 870 nach Livorno verlegt, einer mittelgroßen Hafenstadt an der toskanischen Küste, südlich von La Spezia. Die italienische Bevölkerung dort wurde weniger von den Kriegsereignissen im Süden des Landes, jedoch von deren Folgen im Alltag betroffen. Viele Häuser in Livorno standen leer. Die Bewohner derselben wurden evakuiert. Nur das Mobilar blieb zurück. Plünderungen waren an der Tagesordnung. Harte Strafen waren dafür vorgesehen. Bombenangriffe der Alliierten zermürbten die an sich sensible Bevölkerung dieser Region. Meist handelte es sich um amerikanische Bomber, die Livorno angriffen. Es herrschte dort große Not im Januar 1944. Kein Brot, keine Butter. Kinder und Mütter bettelten darum bei der deutschen Wehrmacht. Nur auf dem Schwarzmarkt waren Nahrungsmittel und Zigaretten zu haben. Zu unerschwinglichen Preisen für die italienische Bevölkerung. Die „Nationale", Inbegriff italienischer Raucher, wurde nur noch von deutschen Soldaten und Offizieren geraucht. Benzin stand nur der Wehrmacht für deren Auf-

gaben zur Verfügung. Alles Wesentliche wurde dort für die Zwecke der Kriegsführung beschlagnahmt: Autos, LKW's und im Hafen liegende Schiffe. Die deutschen Armeedepots füllten sich zusehends. Italien war im Kampf der Giganten ausgeschaltet. Es war nur noch Objekt der kriegführenden Mächte.
Am 12. Februar 1944, dem Vorabend meines 24. Geburtstages, rissen mich gegen 23 Uhr starke Explosionen aus tiefem Schlaf. Fenster und Türen des toskanischen Landhauses, in dem ich wohnte, klapperten in allen Fugen. Der Luftdruck war so stark, daß die Scheiben klirrend zerschmetterten. Die regionalen Truppenverbände wurden in höchste Alarmbereitschaft versetzt. Die Telefondrähte glühten. Gerüchte schwirrten umher, daß die Engländer ihre geplante Landung an der Atlantikküste Frankreichs aufgegeben hätten und jetzt auf Druck des amerikanischen Oberkommandos dabei wären, an der ligurischen Küste Italiens im Raume Pisa-Livorno-Cecina, also im Mittelabschnitt der Apenninenhalbinsel, zu landen. Dies nach ihrer erfolgreich verlaufenen Invasion in Sizilien und dem süditalienischen Festland. In dieser Nacht bestätigte uns allerdings der deutsche Kommandant der Insel Elba mit verschlüsseltem Funkspruch, daß ein englisch-amerikanischer Landungsversuch nicht vorliege und auch nicht sichtbar sei. Es stellte sich schließlich heraus, daß die in dieser Nacht wahrgenommenen schweren Explosionen von einem in die Luft geflogenen Munitionsdepot herrührten, das unweit von Livorno lag. Dort war französische und italienische Beutemunition gelagert. Die Täter konnten nicht gefaßt werden. Sie entkamen. Es war die erste Aktion italienischer Partisanen in diesem Raum. Spätere

Anschläge folgten laufend. Vorsicht war das Gebot der Stunde. Meinen Geburtstag jedoch feierten wir, nach Aufhebung der Alarmstufe, ausgiebig mit dem reichlich vorhandenen Wein der Toscana. Bei Tanz und Musik.
Den ganzen Februar des Jahres 1944 hindurch hielten die hinterhältigen Anschläge italienischer Partisanen auf deutsche Soldaten und Depots in der Toscana an. Generalfeldmarschall Albert Kesselring, Luftflottenkommandant und Oberbefehlshaber des italienischen Süd- und Mittelabschnittes, ordnete erhöhte Wachsamkeit an. In dieser sich verschärfenden Lage wurde das Infanterie-Regiment 870 Anfang März 1944 plötzlich und unerwartet vom mittelitalienischen Küstenabschnitt abgezogen. Es wurde ersetzt durch eine turkestanische Legion, die vorher an der Adria erfolgreich in der Bandenbekämpfung eingesetzt war. Ihr wurde große Zuverlässigkeit attestiert. Diese deutschfreundlichen Legionäre wurden von der Ostfront in Rußland abgezogen. Dies, nachdem sie inmitten des Kampfgeschehens dort zu uns überliefen. Ihre Heimat ist Zentral-Asien. Die Italiener sahen diese breitgesichtigen Abgesandten der russischen Steppe nicht sehr gerne und bedauerten unseren Abschied.
Das Regiment kehrte zum alten Divisionsverband im Raume zwischen Genua und der italienisch-französischen Grenze zurück. Wir waren wieder in Albenga, dem kleinen Umschlaghafen an der italienischen Riviera. Immer noch weit weg vom Kampfgeschehen des süditalienischen Abschnittes. Im von uns verlassenen Mittelabschnitt Italiens griff Generalfeldmarschall Kesselring jetzt mit aller gebotenen Härte ein. Anläßlich einer Besichtigung der Küste im Raume Livorno stellte er

mangelnde Abwehrbereitschaft fest. Regimentskommandeure wurden abgesetzt, Beamte und Offiziere der Organisation Todt rücksichtslos degradiert. Die dort neu eingesetzten Einheiten mußten zu Spaten und Schaufel greifen, um die mittelitalienische Küste in den angeordneten Abwehrzustand zu versetzen. Dort ging die Schönheit dieses Mittelmeerraumes samt Palmen und Dünen durch den grausamen Arm der Technik und das blutrünstige Gesetz des Krieges unter. Kesselring verlangte als Oberbefehlshaber jeden Abend um 20 Uhr drahtlichen Bericht über die Fertigstellung von Kampfständen, Bunkern und Drahthindernissen.

Unser Regiment aber lag jetzt in Albenga. Der Bataillonsstab, dem ich angehörte, etablierte sich in Bastia, einem Dorf unweit Albengas. Dort wurden wir im Schloß des Großgrundbesitzers Graf Anfossi fürstlich untergebracht. Am Eingangsportal des Castellos war auf einem eher bescheidenen Messingschild der Name des Eigentümers, „Conte Dottore Anfossi", angebracht. Dieser war Doktor der Botanik und sprach perfekt mehrere Sprachen, von denen er aus gesellschaftlichen Gründen französisch bevorzugte. Sein Lebensstil entsprach dem eines italienischen Aristokraten: international denkend, pazifistisch gesonnen, geizig, ausbeuterisch. Ihm gehörten als Multimillionär, was den Landbesitz anbelangte, mehrere Provinzen seines Vaterlandes. Anfossi, durch die sich im Frühjahr 1944 in Italien anbahnenden Entwicklungen nachdenklich geworden, befürchtete die Ablösung der Monarchie. Er bangte um seinen Besitz und war erklärter Gegner einer republikanischen Verfassung. Seine Tochter, mit der ich mich ebenfalls öfters unterhielt, war antifaschistisch eingestellt, der Monarchie aber vollen Herzens ergeben. Sie wünschte sich innerlich, mit kaltem Gesichtsausdruck, den baldigen Abzug der deutschen Truppen aus Italien. Ihr Vater, der Graf, ebenfalls. Beide hatten berechtigte Angst vor sozialistischen und kommunistischen Tendenzen, vor Anarchie, ebenso wie vor der mehr und mehr umsichgreifenden Partisanentätigkeit. Hauptsächlich deswegen tummelten sich jetzt deutsche Kommißstiefel im Botanischen Garten des Conte. Das Schloß selbst war durch dichte Parkanlagen von der Außenwelt abgegrenzt. Großangelegte Promenaden, Palmen, Gewächshäuser sowie Blumen und Pflanzen aller Erdteile deuteten auf die botanischen Interessen und Kenntnisee des Grafen hin. Die heiße Sonne der italienischen Riviera begünstigt hier außerordentlich das Wachstum. Mehrere Tennisplätze dienten der sportlichen Abwechslung dieser italienischen Adelsfamilie. Nirgends größer in Europa blieben die gravierenden Klassengegensätze so erhalten wie im Königreich Italien, vom Hause Savoyen gesteuert. Selbst Mussolini schaffte es nicht, die Standesunterschiede im faschistischen Italien entscheidend abzubauen. Er residierte jetzt machtlos in Mailand, während sein Gegenspieler, Marschall Badoglio, in Rom die Regierungsgeschäfte führte und sich den Anglo-Amerikanern kapitulierend zur Verfügung stellte. Dies bereits seit dem 8. September 1943. Das Osterfest 1944 nahte. Vom Schloß des Grafen Anfossi Abschied nehmend, wurde das Bataillon nach Campochiesa verlegt, einem kleinen Dorf unweit von Bastia. Osterfriede an der Mittelmeerküste Liguriens. Die Glocken der niedlichen Kapelle von Campochiesa läuteten den 1. Feiertag ein. Wir hatten dienstfrei. Die

Dorfbevölkerung strömte in Scharen bereits morgens um 4 Uhr zur Frühmesse. Ein überzeugendes Beispiel italienischer Religiosität. Kinder, Greise, erwachsene Männer und Frauen beteten den Rosenkranz. Die katholische Kirche blieb in diesen Frühjahrstagen des Jahres 1944 die einzige feste Ordnung auf italienischem Staatsgebiet. Der politische Faschismus dagegen löste sich mehr und mehr auf. An seine Stelle trat Korruption, Anarchie und Terror. 45 Millionen Italiener hörten die Stimme des Duce nicht mehr. Auf dem Balkon des Palazzo Venezia in Rom stand jetzt der eiskalt abgesprungene Marschall Badoglio. Bescheiden dahinter postiert der vom Gewissen geplagte Monarch König Victor Emmanuel. Italien zerfiel zunehmend in mehrere ideologische Lager. Uneinigkeit griff Platz. Vor den Parteihäusern der nord- und mittelitalienischen Faschisten zeigten sich wild gestikulierende und diskutierende antifaschistische Demonstranten, hauptsächlich Kommunisten, die die staatstragenden Kokarden grün-weiß-rot mit dem Liktorenbündel haßerfüllt in den Schmutz der Gosse rissen. Nach faschistischen Zeitungen wurde kaum mehr gefragt. Nur der „Osservatore Romano", das Sprachrohr des Vatikans, erlebte eine 100% Steigerung seiner Auflage, den politischen Katholizismus geistig repräsentierend. Das besitzlose Proletariat musterte im April 1944 auf den Straßen Nord- und Mittelitaliens mit giftigen Augen die noch verbliebenen Reste des Mussolini-Regimes wie Miliz, Schwarzhemden und Parteigenossen. Der kleine Mann auf der Straße arbeitete mit den gut organisierten Partisanen zusammen, die hinterrücks deutsche Soldaten erschossen und auf Munitionsdepots Anschläge verübten. Der vom Gebirgsmassiv des Gran Sasso befreite und noch in Mailand residierende Duce sah machtlos und enttäuscht der italienischen Tragödie zu. Er konnte nicht mehr eingreifen. Das Volk hatte ihn verlassen. Sein einstiges rhetorisches Frage- und Antwortspiel mit fanatisierten Massen auf dem Balkone des Palazzo Venezia in Rom gehörte der Vergangenheit an. Er war nicht mehr gefragt. Man wollte die Republik, und man wollte den baldigen Frieden. Nicht zuletzt in der Hoffnung, bei kommenden Friedensverhandlungen durch die Anglo-Amerikaner als „kriegführende Macht gegen Deutschland" anerkannt zu werden, um daraus dann völkerrechtlich und politisch zu profitieren.

Italien für 3 Wochen vorübergehend verlassend, trat ich im April/Mai 1944 einen kurzen Heimaturlaub an. Meine Eltern befanden sich nicht mehr in Frankfurt am Main, da Haus und Wohnung Opfer des totalen Luftkrieges wurden. Man evakuierte sie nach Lindenfels im Odenwald. Dort sahen wir uns wieder. Frankfurt, die Stadt Karls des Großen, war zum elenden Steinhaufen geworden. Der anglo-amerikanische Terror gegen die Zivilbevölkerung hatte hier sichtbare Wunden geschlagen. Die Auswirkungen des totalen Krieges offenbarten sich in grausamer Weise. Mehrmals täglich, durch Sirenengeheul angekündigt, warfen die alliierten Luftgeschwader fast wahllos Bombenteppiche auf die Stadt. Der eigentliche Nervenkrieg hatte begonnen. Er verfolgte von alliierter Seite aus die Absicht, die Moral der deutschen Bevölkerung zu zerbrechen, die tapfer diesen völkerrechtswidrigen Angriffen standhielt. Eigene Propaganda und feindliche Gegenpropaganda begleiteten die Endphase des 2. Weltkrieges. Der Geist der Geburtsstadt Goethes entwich aus deren alten Mauern und lag in Phosphorschwaden begraben. Die ehrwürdige Freie Reichs- und Handelsstadt existierte praktisch nicht mehr. Ganze Stadtteile waren ausradiert. Opfer des Bombenkrieges. Der Weg, auf dem deutsche Kaiser vor 1000 Jahren zur Krönung vom Römer in die benachbarte Nikolaikirche erhaben schritten, war aufgewühlt von Bombentrichtern und aufgerissenem Straßenpflaster. Die Paulskirche, Tagungsort der Deutschen Nationalversammlung von 1848 und Symbol des 2. Deutschen Reiches, war ausgebrannt. Von dort aus verkündete einst Otto von Bismarck, daß er die „österreichische Frage", wenn notwendig, „mit Blut und Eisen" lösen werde.

Am 14. Mai 1944 beendete ich meinen Heimaturlaub und fuhr über den Brenner wieder nach Italien hinein. Am nächsten Tag erreichte ich Albenga frühmorgens um 9 Uhr, wieder die freie Luft der italienischen Riviera atmend. Mehrabwärts ging es auf das kleine Campochiesa zu. Die Sonne schien erbarmungslos vom südlichen Himmel. Der Schweiß floß in Strömen. In der Ferne ertönte das Geläut der romantisch gelegenen Feldkirche. Ein feierlicher Empfang. Inzwischen war jedoch hier eine neue deutsche Truppeneinheit stationiert. Gerüchte schwirrten umher, daß mein Regimentsverband in die Kämpfe am Monte Cassino, nördlich Neapel und südlich von Rom, verwickelt sei. Andere Leute glaubten, daß eine Verlegung an die Ostfront nach Rußland erfolgt wäre. Niemand wußte es genau. Erinnerungen an Toulon in gleicher Sachlage tauchten wieder auf. Sollte ein „neuer Marschbefehl ins Ungewisse" sich wiederholen? Ich hätte dies in jedem Falle begrüßt.

Jedoch kam es anders. In Altare, im Hinterland der ligurischen Küste, stoppte man mich und ca. 20 vom Urlaub zurückgekommene Soldaten und Offiziere. Darunter auch den energiegeladenen, draufgängerischen Chef der 8. Maschinengewehrkompanie des II. Bataillons vom Infanterie-Regiment 870. Diesen Oberleutnant Pfaller, Träger des EK1, hielt es nicht mehr. Er wollte unbedingt zur kämpfenden Truppe und stellte durch messerscharfe Fragen fest, daß der Divisionsverband im teilweise noch rumänischen Bessarabien, also an der Ostfront, eingesetzt war. So gelangten wir in den Sog dieses plötzlich aufgetauchten ehrgeizigen deutschen Offiziers und Ritterkreuz-Anwärters, der uns dorthin bringen würde, wo die neugebildete 6. Armee einen fast aussichtslosen Kampf kämpfte. Vom Mittelmeer also zum Schwarzen Meer. Welche Gegensätze! Arrive derci, bella Italia!

Vom Mittelmeer zum Schwarzen Meer
Juni 1944 – August 1944

Aus Budapest erfuhr man im April 1944, daß die dortige Regierung insgeheim Kontakte mit den Westmächten aufgenommen habe. Die deutsche Diplomatie erhielt nur auf Umwegen davon Kenntnis. Hitler war erregt und bestellte den ungarischen Reichsverweser, Admiral von Horthy, zu einer Aussprache ins Schloß Klessheim. Nur mit Mühe und persönlichem Einsatz gelang es dem damaligen deutschen Protokollchef, Freiherrn von Dörnberg, die vorzeitige Abreise des zornig gewordenen ungarischen Diktators zu verhindern. Die Gespräche konnten schließlich fortgeführt werden, wobei von Horthy zusagte, die amtierende Regierung in Budapest abzusetzen. In der Tat übernahm dann dort das Kabinett Stojai die Geschäfte. Es gab in diesem Zusammenhang vorher Pläne des deutschen Reichsaußenministers von Ribbentrop, den ungarischen Reichsverweser im Schloß Klessheim festzunehmen und ihn als Gefangenen zu deklarieren. Dies wurde nur durch die Etablierung einer neuen deutschfreundlichen Regierung Ungarns verhindert.
Zu Beginn des 2. Weltkrieges, also hauptsächlich in den Jahren 1939/1940, setzten die Briten ihre damals schwachen Hoffnungen auf den Faktor „Zeit". Dies besonders nach dem Debakel von Dünkirchen, wo sie fluchtartig das europäische Festland verließen. Hinzu kam ab 1941 der neue Verbündete Sowjetunion und die für die Westmächte strategische Bedeutung des russischen Kriegsschauplatzes. Schließlich und endlich setz-

te der Kriegseintritt Amerikas im Dezember 1941 die von den Alliierten erwarteten Signale. Die Kriegslage änderte sich entscheidend. Der Westen setzte rigoros seine nun erreichte materielle Überlegenheit ein. Sichtbares Zeichen dafür war die Landung der Anglo-Amerikaner im Juli 1943 auf Sizilien und im südlichen Italien. Dies unter dem Schutz einer mächtigen Kriegsflotte. Sogar Rom wurde von dem strategischen Bomberkommando der Alliierten nicht verschont. Mit schweren Luftangriffen zermürbte man den Widerstandswillen der Italiener, was auch gelang. In schweren Tag- und Nachtangriffen radierten die Royal-Air-Force sowie amerikanische Bombengeschwader seit 1943 rücksichtslos deutsche Städte aus. Die deutsche U-Boot-Flotte versenkte zwar weiter auf offenem Meer mit Erfolg große Geleitzüge der Alliierten, die schon daran dachten, das für sie so verlustreich gewordene Konvoysystem aufzugeben. Im Mai 1943 aber wurden von alliierter Seite Radarsysteme entwickelt und eingesetzt, die die deutsche U-Boot-Führung unter Großadmiral Dönitz praktisch mehr und mehr wirkungslos machte.
An der weiten russischen Ostfront beherrschten 1943 und 1944 zunehmend erforderlich gewordene Frontbegradigungen auf deutscher Seite die Alltagszene. Rückzugsgefechte waren an der Tagesordnung. Auch schwere Stellungskämpfe. Der Krieg artete zur Materialschlacht aus. Im Südosten Europas gaben jugoslawische und griechische Partisanen keine Ruhe. Erstmals seit 1941 war das kriegführende Deutschland in Europa alleine auf sich gestellt. Isoliert. Die Idee Churchills, an allen Ecken und Enden Europas Fronten gegen das Reich zu errichten, war Wirklichkeit geworden. Im Fer-

nen Osten konnte der einzig verläßliche Achsenpartner Japan die europäische Kriegslage weder entscheidend beeinflussen noch ändern. Der Krieg konnte für Deutschland nicht mehr gewonnen werden. Eine geschickt angelegte Propaganda des Göbbels-Apparates führte allerdings dazu, daß die Masse des deutschen Volkes in diesen schweren Stunden der Nation noch an einen möglichen Endsieg glaubte. Soldaten und Offiziere der deutschen Streitkräfte blieben gegenüber durchgesickerter Feindpropaganda zu 95% immun. Front und Heimat kämpften unverdrossen weiter. Kleinlaut wurde in der zensierten deutschen Presse die am 4. Juni 1944 erfolgte Einnahme Roms durch die Alliierten bekanntgegeben. Die Schlacht am Monte Cassino war zugunsten der Alliierten entschieden worden. Das gleichnamige Kloster fiel der Zerstörung zum Opfer. Die Stadt Cassino selbst ebenfalls. Rom wurde von der deutschen Heeresführung zur „offenen Stadt" erklärt. Der Untergang blieb ihm dadurch erspart. Ein Verdienst Kesselrings, der seine dort stationierten Truppenverbände zurücknahm und eine neue Verteidigungslinie aufbaute, die den weiteren Vormarsch der Alliierten stoppte. Bereits am 6. Juni 1944, also zwei Tage später, wurde das deutsche Oberkommando von einer neuen Hiobsbotschaft überrascht: die Invasion der Anglo-Amerikaner unter dem Schutz starker Luft- und Seestreitkräfte in der Normandie begann. Der vielgepriesene Atlantikwall hielt nicht stand. Atemlos und gespannt wurden die Franzosen hellhörig. Ihr Widerstand gegen die deutsche Besatzungsmacht wuchs zusehends. Die Stunde der Résistance war gekommen.

Am 20. Juli 1944 setzte Hitler in seinem ostpreußischen Hauptquartier eine Lagebesprechung an. Während die anwesenden Generalsstabsoffiziere mit ihrem Obersten Befehlshaber über die Karten gebeugt die neue Kriegssituation erörterten, explodierte plötzlich eine von Oberst Graf Stauffenberg gelegte Bombe. Das geplante Attentat auf Hitler mißlang. Er wurde nur von einigen Splittern getroffen. Stauffenberg sowie die mit ihm zusammenarbeitenden mutmaßlichen Verschwörer wurden, dem Kriegsrecht entsprechend, hingerichtet.

Mit größerem Interesse verfolgte man jetzt in der deutschen und internationalen Öffentlichkeit die blutigen Ereignisse, die sich im Osten, also auf den Schlachtfeldern Rußlands, abspielten. Bekanntlich hatte die Sowjetunion im Jahre 1940 unter Ausnutzung des seinerzeit noch bestehenden deutsch-russischen Nichtangriffspaktes Teile des rumänischen Bessarabiens annektiert. Hitler ließ dies, wenn auch besorgt, zu. Jetzt aber, im Sommer 1944, ergriff die Rote Armee im gesamten Südabschnitt der russischen Front die Offensive. Sie befreite die Ukraine und eroberte Kiew. Die Kornkammer Rußlands sowie gewaltige Kohlen- und Erzvorräte gingen dem Deutschen Reich für dessen Kriegführung verloren. Gleichzeitig verschob sich das dortige Kampfgeschehen auf Bessarabien, also auf rumänisches Staatsgebiet. Im ostpreußischen Hauptquartier des Führers erhob der mit uns verbündete Marschall Antonescu, Regierungschef in Bukarest und Führer der „Eisernen Garde", schwere Vorwürfe gegen Hitler. Er forderte die unverzügliche Wiedereroberung der Ukraine, um Bessarabien und Rumänien selbst vor russischem Zugriff zu retten. Auch die Halbinsel Krim müsse aus diesem

Grunde unbedingt verteidigt werden. Marschall Antonescu trat bereits im Frühjahr 1944 Hitler gegenüber für einen Friedensschluß mit den alliierten Westmächten ein. Hitler lehnte damals entschieden ab. Der Kampf ging also weiter. Die russischen Erfolge an der Ostfront waren das sichtbare Ergebnis des Eintritts Amerikas in den Krieg im Dezember 1941. Ohne dieses Ereignis wäre mit Sicherheit die technisch unterentwickelte Sowjetunion vorzeitig zusammengebrochen. Sie erhielt von den Vereinigten Staaten ungeheure Mengen an Waffen, Material und Rohstoffen. Dies als aufmunternder Dank für den vaterländischen Einsatz der verbündeten Roten Armee, der schließlich zu Stalingrad und die befreite Ukraine führte. Gewichtige Punkte im Konzept der Westalliierten gegen das Deutsche Reich. Stalin forderte jedoch für den wieder in Bewegung geratenen russischen Kriegsschauplatz, der 13 Millionen Rotarmisten das Leben kostete, Entlastung. Er zwang schließlich London und Washington dazu, schnellstens eine Invasion in Frankreich herbeizuführen, was auch, wie vorher geschildert, erfolgte.

Inzwischen führte Oberleutnant Pfaller, Italien verlassend, die 20 vom Urlaub Zurückgekommenen per Bahn zur zentralen Frontleitstelle Wien. An der schwer kämpfenden rumänischen Front hatte man uns mit Sicherheit bereits vergessen. Niemand dort rechnete mehr mit uns, wie sich später herausstellen sollte. So standen wir in Wien an der Pforte zum Osten und baten um Einlaß. Er wurde uns natürlich gerne gewährt. Bei der Weite des noch vor uns liegenden Raumes wurden Gedanken an Napoleon wach. Abenteuer reizen, haben aber nicht immer einen guten Ausgang.

Nach einem 6-tägigen Transport in neu eingeführten Frontschlafwagen, die weite ungarische Tiefebene passierend, wurde die rumänische Grenze erreicht. Der Balkan mit seiner brütenden Juni-Hitze des Jahres 1944 empfing uns. Die Erdölfelder des rumänischen Ploesti brannten. Amerikanische Bomber hatten sie Stunden zuvor in Brand gesetzt. Der Donau folgend, nahm der Transportzug immer weiter Kurs nach Osten, wo er schließlich und endlich unser Ziel, die rumänische Hafenstadt Galatz, erreichte. Hier fließt Europas größter Strom, die Donau, ins Schwarze Meer. Galatz ist Rumäniens bedeutendster Handelshafen. Die Stadt hat ungefähr 100.000 Einwohner. Von kleineren Bombardierungen abgesehen, bot Galatz ein noch verhältnismäßig friedliches Bild im allgemeinen Kriegswirrwarr. In den Straßen und engen Gassen beherrschten handeltreibende Ostjuden mit langen Vollbärten und schwarzen Hüten die Szene. Sie boten ihre Waren zu Inflationspreisen an. Intensiver Knoblauchgeruch begleitete die Angebote, wie auf dem Balkan üblich. Langsam und erhaben schritten orthodoxe jüdische Priester mit schwarzem Kaftan durch die sich eilend fortbewegende Menge. Darunter auch einfach und erbärmlich gekleidete Bauern aus der nahen und weiteren Umgebung, die in Konkurenz zu den hektischen Händlern ihre landwirtschaftlichen Produkte eher bescheiden und preisgünstig an den Mann brachten. In diesem Zusammenhang muß erwähnt werden, daß Rumänien hauptsächlich ein Agrar-Staat ist.

Im Hauptquartier des 30. Armeekorps von Generalleutnant Postel erhielten wir einen neuen Marschbefehl. Wir verließen Galatz und erreichten, unter sengender Sonne marschierend, Zaim. Morgens um 9 Uhr trafen wir im Divisionsgefechtsstand der 15. Infanterie-Division, der „Rhein-Main-Division", ein. Deren Stabsquartier lag in Causani, einem von russischer Artillerie zerschossenen Dorf zwischen Kischinew und Jassi. Wir waren in Bessarabien. Der Divisionskommandeur berichtete dem angekommenen 20-Mann-Häuflein, daß man eigentlich nicht mehr mit uns gerechnet habe, jetzt aber froh darüber sei, uns in den Kampfverband eingliedern zu können. Das Italien-Bataillon, dem wir in Albenga angehörten, sei in seine schwer angeschlagene 15. Infanterie-Division integriert worden. Im Raume Kischinew-Jassi tobten nämlich schwere Kämpfe. Die hier konfrontierten Kriegsgegner hatten verständlicherweise differenzierte strategische Ziele. Die Russeneroberten bekanntlich das bisher von deutschen Truppen besetzte Kiew zurück, befreiten die Ukraine, hatten Odessa und Tiraspol am Schwarzen Meer genommen und versuchten krampfhaft, die noch von deutschen Einheiten besetzte Halbinsel Krim zurückzugewinnen. Dies mit einem Stoßkeil durchs südliche Bessarabien. Nachdem, von der Ukraine kommend, sowjetische Infanterie Kischinew kämpfend besetzt hatte, lag die 15. Infanterie-Division ihr im Raume Causani direkt gegenüber. Gemäß den Abmachungen zwischen Hitler und Marschall Antonescu im ostpreußischen Hauptquartier des Führers, sollte unser Armeeverband Bessarabien und somit Rumänien vor den Russen verteidigen. Voraussetzung hierfür war die Wiedergewinnung Kischinews und, wenn möglich, Rückeroberung der angrenzenden Ukraine. Im Süden der Bessarabienfront sollten Odessa und Tiraspol den

Russen wieder abgenommen werden, um mit Hilfe dieser beiden Schwarzmeerhäfen den sowjetischen Druck auf die Krim zu mildern. Von den Anhöhen Causanis erblickten wir, in die Ferne schauend, die von uns nie mehr in diesem Krieg erreichte Hafenstadt Tiraspol. Kühl, über unsere Köpfe hinweg, wehte der Nachtwind von Causani, während tagsüber eine fast unerträgliche Hitze herrschte. Die nur 12 Kilometer entfernte Front bot nachts ein erregendes Schauspiel.

Aus den artilleriegeschädigten Mauerresten und Ruinen von Causani beobachteten wir am nächtlichen Horizont über uns kreisende russische Kampfflugzeuge, „Dreschmaschinen" genannt, die einige kleinkalibrige Bomben abwerfen und wieder mit ratterndem Motor, kaffeemühlengleich, abziehen, nachdem sie ins Scheinwerferlicht der deutschen FLAK geraten sind. Aus naher Ferne grollt der Donner der sowjetischen Artillerie. Das Geschützfeuer der eigenen Kanonen vermittelt der deutschen Infanterie das befreiende Gefühl, daß sie auf diesem einsam anmutenden Kriegsschauplatz nicht alleine kämpft. Leuchtpatronen in Weiß erhellen die Nacht. Wieviele Späh- und Stoßtrupps im Niemandsland der Front werden in diesen 60 Sekunden der Leuchtdauer einer Patrone regungslos auf die Erde gleiten, um in der plötzlich erhellten Nacht nicht entdeckt zu werden? Die Leuchtspur der deutschen „2 cm-Flak-Erdkampf" spritzt wie ein wahrer Feuerzauber flach über den Boden hinweg. Inzwischen ist es Mitternacht geworden. Stille ist eingetreten. Ruhe liegt über der hufeisenförmigen Frontlinie der Rhein-Main-Division, die im Hufeisen selbst in der Zange sitzt. Nur die dunklen Umrisse der Trümmer von Causani, eine in die Nacht starrende, säulenartige Ruine und der rauchgeschwärzte Boden, auf dem wir stehen, läßt ahnen, daß wir nicht mehr weit von der eigentlichen Front entfernt sind. Plötzlich knallt, von irgendwo herkommend, ein Gewehrschuß durch die Nacht. Ihm folgen, als Kettenreaktion, 10 andere. Maschinengewehre mit dem ewigen und monotonen tack-tack-tack mischen sich nun in das beginnende Nachtkonzert der Bessarabienfront ein. Ein einziger Gewehrschuß hat einen Feuerorkan ausgelöst. Die Hölle ist ausgebrochen, die Front in Bewegung geraten. Was mag der Anlaß gewesen sein? Vielleicht ist nur der Hauch des sanften Nachtwindes über das Schilf gestrichen, und einer von Tausenden glaubt, im geheimnisvollen Dunkel der Nacht den Feind entdeckt zu haben. Er schießt. Man antwortet da draußen mit dem ewigen Gesetz des Krieges: „Auge um Auge, Zahn um Zahn". Die ganze Front erbebt. Wieviele Gewehrläufe werden jetzt in das Mysterium der Nacht hinausstarren nur wegen der undefinierbaren Vision eines Einzelnen, der aus Angst schoß? In den dunklen Nächten Bessarabiens gibt es keine Möglichkeit, darüber zu philosophieren. Die Realitäten der Front überschatten das Denken. Am nächsten Morgen um 9 Uhr, nach nur 3 Stunden Schlaf, werde ich dem Grenadier-Regiment 106 in Ursoia zugeteilt, das in den Kämpfen der letzten Wochen und Monaten durch erhebliche Ausfälle an Menschen und Material stark reduziert wurde.

Es ist inzwischen Mittag geworden im Frontabschnitt. Die Sonne brennt erbarmungslos vom Himmel. Millionen von Stechmücken schwirren umher. Tagsüber herrscht absolute Gefechtsruhe. Im Divisionsgefechtsstand von Causani werden jetzt mit Sicherheit die Aufklärungsergebnisse der vergangenen Nacht ausgewertet. Ich selbst komme abends um 21 Uhr, mit der Feldküche im Gefolge, im Kompaniegefechtsstand der 12. Kompanie des Oberleutnants Kellner an. Dies unter feindlichem Artilleriebeschuß und auf Schleichwegen. Gegen 22 Uhr abends bin ich im Graben an der vordersten Front, dem Pionier-Stoßtrupp zugeteilt. Einem „Himmelfahrtskommando", aus nur 25 Mann bestehend. Fronterfahren und infanteristisch geschult. Wir verbringen die Nacht im ausgehobenen Bunker der vordersten Grabenstellung. Ein Kampfauftrag liegt uns nicht vor. Verbunden mit dem Bataillonsgefechtsstand des III. Bataillons sind wir durch für die Russen noch nicht einsehbare getarnte Laufgräben, die an einer Schlucht vorbeiführen. Kommandeur des Pionier-Stoßtrupps ist der ehrgeizige, kaltblütige und draufgängerische Feldwebel Schmucker, Inhaber des Eisernen Kreuzes I. Klasse. Wir haben strategische und gefechtsmäßige Sondereinsätze zu absolvieren. Eine verschworene Gemeinschaft im einfachen Feldgrau. Vorwiegend junge Männer aus dem Rhein-Main-Gebiet, die aber am nächsten Tag eine neue Stellung zugewiesen erhalten.

Wir kampieren jetzt in getarnten Zelten am Abhang einer vorgeschobenen Beobachtungsstelle der „12-Zentimeter-Granatwerfer". Tagsüber bauen wir Drahthindernisse und spanische Reiter, die wir nachts den in Lauerstellung liegenden Rotarmisten unbemerkt vor die Nase legen. Das Vorbringen dieser Hindernisse muß absolut geräuschlos erfolgen. Wenn der Wind sachte über Sonnenblumen- und Maisfelder weht, hohes Schilf bewegend, dann ist unsere Stunde gekommen, – die Sicht-

barmachung des Gefechtsvorfeldes mittels Sensen. Jeder dieser 25 Einzelkämpfer legt mit seiner Sense nach dem Takt des Windes die hohen Steppengräser um, hinter denen man in der nächsten Nacht den Gegner nicht mehr zu suchen braucht. Auch das nächtliche Auslegen von Minen im Vorfeld der Front erfordert unbedingte Nervenstärke. Ebenso die unsichtbare und unhörbare Markierung einer von Minen freien Minengasse für den eigenen Stoßtrupp.
Der 10. Juli 1944 ist angebrochen. Gegen 16 Uhr nachmittags stattet der Regimentskommandeur, Ritterkreuzträger Oberst Laengenfelder, dem Pionier-Stoßtrupp an vorderster Front einen Besuch ab. Er kündigt uns an, daß heute nacht von unserer Seite aus ein wichtiger Einsatz zu erfolgen habe: ein Stoßtruppunternehmen mit dem Ziel, 10 Russen aus den gegnerischen Gräben herauszuholen und lebend dem Regimentsgefechtsstand zuzuführen. Man verspricht uns Verstärkung durch ausgesuchte Männer der 11. Kompanie und weiter Zuführung von Kräften, falls diese Sache zu riskant werden sollte. Schwere Granatwerfer, Maschinengewehre und Artillerie sollen über unsere Köpfe hinweg erforderlichenfalls eine Feuerwalze legen. Durch Leuchtsignale soll das Feuer von uns dirigiert werden. Abends um 20 Uhr besprechen wir die Lage anhand des Luftbildes auf einer kleinen Anhöhe in der Abenddämmerung und vergleichen die erkannten Grabensysteme mit der Karte. Die Rohrführer bitten wir, das unterstützende Feuer nicht zu kurz zu legen. Es ist an der Zeit, sich fertig zu machen. Die Feldküche, von russischer PAK beschossen, rasselt heran und bringt uns das Abendessen. Wir vergleichen die Uhren. Je näher die Minute des geplan-

ten Abenteuers heranrückt, desto mehr wackelt das kitzelndes Nervensystem. Einer unter uns reicht in den dunklen Kreis der Wartenden eine Schnapsflasche, die mit angespannten Zügen geleert wird. Ihr Inhalt wirkt anheiternd. Das Ereignis steht kurz bevor. Die Munition steckt in den Taschen. Nur das Koppel, die „Knarre" und ein Riemen zum Abbinden von Wunden begleitet uns. Leuchtpistolen, Handgranaten, Minensuchgerät, Funk und Kabel gehen ebenfalls mit.
Die Uhren zeigen 1 Stunde vor Mitternacht. Es ist soweit. Der Frontabschnitt ist verräterisch ruhig, die Nacht ist schwarz. Anscheinend haben auch die Söhne des Marschalls Stalin etwas vor. Unser Stoßtrupp geht in Schützenreihe an den vordersten Stellungen der 10. und 11. Kompanie vorbei. Über die in der Vornacht gelegten Drahthindernisse steigend, befinden wir uns jetzt bei den 2 vorgeschobenen Beobachtern der 11. Kompanie im Gefechtsvorfeld des Niemandslandes. „Hinlegen und weitere Befehle abwarten", heißt die zugeflüsterte Parole. Vor uns, in einer Entfernung von 200 Metern, schimmern blaß im Vollmondlicht zwei Seen, zwischen denen, auf der Landenge, der Feind liegt. Hart an den Sumpf gelehnt. Oftmals wateten, fast lautlos, nachts russische Spähtrupps mit Gummischuhen durch den Morast, um in unsere eigenen Gräben einzubrechen. Nur im Nahkampf Mann gegen Mann konnte der Meister der Tarnkunst und des Täuschungsmanövers mühsam abgewehrt werden. Heute nacht wird sich zwischen diesen beiden Seen bestimmt ein Furioso entwikkeln. Die 2 vorgeschobenen Posten der 11. Kompanie melden keine Vorkommnisse. Sie merken nichts. Das Vorfeld scheint feindfrei. Uns lautlos erhebend, gehen

wir im Scheine des Vollmonds durchs verwilderte Gras und durch mannhohes Schilf in noch geordneter Schützenreihe vor. Ab und zu tief gebückt, da das „ziu-ziu" durch die Nacht peitschender Gewehrschüsse und Schrapnells knallhart über unsere Stahlhelme zischt. Jetzt kommt ein Minenfeld. Wir schlängeln uns in der geheimnisvollen Dunkelheit durch die etwa 80 Zentimeter breite Minengasse. Die Minensucheisen arbeiten fieberhaft und stochern hastig in der Erde herum. Wenn es jetzt zur Feindberührung käme, könnte ein Chaos entstehen. Die Minen würden in jedem Falle dafür sorgen. Da plötzlich ein Knistern. Der Feuerstrahl zweier Maschinenpistolen, einer russischen und einer deutschen. Wir sind auf den Feind gestoßen. Im Gefechtsvorfeld. Auf der Minengasse. Hier gibt es kein Entweichen mehr. Ein russischer Spähtrupp läuft uns in die Arme. Wir nehmen volle Deckung. Wer wird zuerst wieder das Feuer eröffnen? Er wird wahrscheinlich Sieger sein. Die Nerven werden dieses Rennen machen. Neben mir, auf dem Minenfeld, schreit es erbärmlich „Sanitäter". Es ist einer von uns. Er verblutet. Eine Mine hat ihm Kof und Bein abgerissen. Noch glücklicherweise unversehrt auf der Minengasse liegend, sehe ich schemenhaft unser MG sofort in Stellung gehen. Es schießt, daß der Lauf glüht. Der russische Spähtrupp, etwa 60 Mann stark, setzt sich lautlos nach rückwärts ab. Wir folgen ihm vorsichtig.
Eigentlich muß unser Stoßtruppenunternehmen um 1 Uhr nachts als gescheitert angesehen werden, da der Überraschungseffekt ausgeschaltet wurde. Dies auf der engen Minengasse. Wir haben, die Kabel mit uns schleppend, Funkverbindung zum rückwärtigen Regi-

145

mentsgefechtsstand. Oberst Laengenfelder drahtet uns ins Vorfeld, daß das begonnene Unternehmen fortgeführt werden muß. Die Nacht sei auch noch für positive Resultate gut. Man benötige im Gefechtsstand konkretes über die weiteren Absichten des Roten Oberkommandos an der Südfront. Ebenso wichtig sei, den Stand der russischen Gasabwehrbereitschaft kennenzulernen. Während die Funkverbindung kurz abreißt, prasselt plötzlich erbarmungslos ein starker Regen vom nächtlichen, wolkenbehangenen Himmel herab. Das aufgezogene Gewitter verfinstert den gesamten Frontabschnitt. Die Orientierung wird schwieriger. Wir gehen in geöffneter Ordnung vorsichtig vor und erreichen die beabsichtigte Einbruchsstelle. Schattenhaft verschwommen liegt der aufgeworfene Erdwall des Russenbunkers vor uns. Aus Trichtern und Pfützen, mit Breitenabstand von jeweils 5 Metern, schauen schemenhaft unsere verdreckten Uniformen heraus. Mit vorgehaltener, entsicherter Pistole spähe ich vorwärts, seitwärts und rückwärts. Wir haben für eventuelle Verteidigungszwecke einen „Igel" gebildet und fordern, flüsternd durchs Kabel sprechend, Vernichtungsfeuer an. Eine abgeschossene weiße Leuchtkugel signalisiert den rückwärts postierten gefechtsbereiten schweren Waffen unsere vorderste Position. Schlagfertig antwortet die deutsche Artilleriestellung mit massivem Feuer über unser Köpfe hinweg. Mit eingezogenem Genick werfen wir uns flach auf die Erde. Die schweren Einschläge treffen mit mathematischer Sicherheit die 25 Meter vor uns liegenden russischen Stellungen sowie den bereits im Mondlicht gesichteten gegnerischen Erdbunker, der vom Volltreffer eines 12-Zentimeter-Granatwerfers hinweg-

gefegt wird. Herumfliegende Erdbrocken und Granatsplitter ergeben ein gespenstisches Bild. „PAN" – Schreie der Rotarmisten zeugen von der verheerenden Wirkung dieses massiven und überraschenden Feuerüberfalles. Die Flachbahngeschosse der schweren Maschinengewehre und der „2-cm-FLAK-Erdkampf" rasen über unsere geduckten Köpfe hinweg, in die russischen Gräben hinein. Vor uns ist die Hölle los. Die aufgewühlte Erde Bessarabiens bespritzt Gesichter und Helme mit schwarzen Erdkrusten. Der Regen prasselt weiter unaufhörlich hernieder. Der nächtliche Horizont hat seine Schleusen geöffnet. Die Sicht ist schlecht. Das Granatfeuer hört plötzlich auf. Nur das Stöhnen verwundeter oder sterbender Russen ist noch vernehmbar. Wir springen aus unserer Deckung heraus, greifen an. In den feindlichen Stellungen aber finden wir keine sowjetischen Soldaten mehr. Nur vor uns, auf einem verminten Terrain, schreit es verzweifelt „PAN". Mühsam jonglieren wir den noch lebenden Rotarmisten aus dem Minenfeld heraus. Ihm wurde das rechte Bein abgerissen. Wir legen ihn auf eine Zeltbahn und melden durch Funk dem Regimentsgefechtsstand, daß das unbefriedigende Ergebnis des Stoßtruppenunternehmens ein schwerverwundeter, noch lebender sowjetischer Soldat sei. Die nächtliche Vernehmung desselben ergibt nichts, da der Rotarmist, trotz angelegter Verbände, langsam verblutet, und seine Lippen nur noch die Kraft haben, „PAN" zu sagen. C'est la guerre!
Es ist 3.33 Uhr morgens geworden. Die höchste Zeit, aus den russischen Linien zu verschwinden; denn die Nacht entweicht, und aus den Nebeln löst sich der Tag. Wir verlassen das gespensterartige Schlachtfeld und

kehren glücklich zur H.K.L. zurück. Schweißbedeckt und total durchnäßt, legen wir uns morgens um 4.00 Uhr in unsere getarnten Zelte, in den heißen Tag hineinschlafend, von Tausenden von Stechmücken umschwirrt und von schweren Träumen geplagt. Die Zeit eilt davon im monotonen Stellungskrieg. Die bessarabischen Nächte im Juli 1944 verlebt die 10. Kompanie des Grenadier-Regiments 106 in den vordersten Gräben der „KdF-Stellung", wo die Feuerglocke der Roten Armee knapp und haarscharf über unsere Stahlhelme braust, die Dunkelheit taghell erleuchtend. Wir kämpfen im Nahkampf bei russischen Einbrüchen mit aufgepflanztem Bajonett in den eigenen Gräben und um sie. Hinter uns erhebt sich schattenhaft das von der feindlichen Artillerie in Grund und Boden geschossene rumänische Dorf Hagimus. Seine bestrohten Lehmhütten sind von berstendem Granathagel zerschmettert. Verwüstete Obstgärten, in denen noch einige zerschossene Kirschbäume zum Himmel emporragen. Ungepflückt. Die Stämme angebrannt, die Äste zerfetzt. Wie oft haben wir versucht, des Nachts unsere von Lehm verschmierten und verkrusteten Hände nach einer einzigen Kirsche verlangensvoll auszustrecken. Der Durst quält. Wie oft aber ist dieser Plan vom feindlichen Feuer durchkreuzt worden, das erbarmungslos in die ehemaligen Obstplantagen prasselte, als könnte uns dieses schier nahe aber unerreichbare Obst neue Kräfte verleihen. Wer einmal in der Mondnacht auf der Höhe von Hagimus stand und unter sich die Tiefebene liegen sah, den Sumpf, die beiden im Mondlicht glitzernden Wasserspiegel des Botna- und Vierwaldstättersees, den Feuerzauber, der in diesem brodelnden Kessel der „KdF-

Stellung" nächtlich tobte, – das wogende Schilf und die hohen Steppengräser, das Quaken der Frösche, die sich in den Sümpfen tummeln, das Zirpen der Grillen, der ewige Schrei „Sanitäääter", das „Hurräää" der Russen, das eintönige „tack-tack" der Maschinengewehre und den blitzartigen Feuerstrahl der Maschinenpistolen, – dies alles sind unvergeßliche Eindrücke. Ein verwirrendes Schauspiel an einer der vielen Ecken Europas im Kriegsjahr 1944. Mit Worten praktisch nicht ausdrückbar. Nicht auch zu vergessen die Opfer und Entbehrungen all jener Unbekannten, die an den Lehmhütten von Hagimus ihr junges Leben lassen mußten. Dies schließt beide kämpfenden Seiten ein.

Aus der fernen Heimat erreicht uns die nicht weiter kommentierte Meldung, daß am 20. Juli 1944, also in diesen schicksalhaften Tagen, ein Attentat auf Hitler verübt worden sei. Daß er unverletzt blieb, stärkte zweifelsohne die Moral der kämpfenden Truppe. Sie ist, im Gegensatz beispielsweise zu den Sowjets, nicht ideologisch fixiert. Hinter ihr stehen keine pistolenbewaffnete, mit Genickschuß drohenden Kommissare. Die feldgrauen Soldaten der deutschen Wehrmacht kämpfen ohne jeglichen politische Hintergedanken. Der militärische Auftrag und seine exakte Durchführung stehen zweifelsohne im Vordergrund. Das Grenadier-Regiment 106 wird Ende Juli/Anfang August 1944 durch das Grenadier-Regiment 88 abgelöst, welches jetzt die von uns verlassenen Gräben besetzt und nun die Wacht vor Hagimus hält. Einige Tage bleiben wir in der Reserve und erholen uns von den körperlichen Strapazen der allerjüngsten Vergangenheit.

Dann aber kommt der 18. August 1944. Das Regiment wird nachts in Marsch gesetzt, damit es sich an das von den Russen gehaltene Kischinew heranschiebt. Operatives Ziel ist: Befreiung der von der Roten Armee besetzten Gebietsteile Bessarabiens, Verteidigung Rumäniens, Wiedereroberung der angrenzenden Ukraine und Milderung des russischen Drucks auf die noch von den Deutschen gehaltene Halbinsel Krim. Das sowjetische Oberkommando in dieser Region beauftragt seine von ihm eingesetzten Brigaden, sich in allen Frontabschnitten an die deutschen Stellungen der neu gebildeten 6. Armee heranzutasten, um dort Verteidigungsschwachpunkte zu entdecken, die zweifellos vorhanden waren. Das Ungleichgewicht der Zahlen wirkt sich mehr und mehr aus und führt zu nicht gewollten Frontverdünnungen auf deutscher Seite. Der Gegner bereitet sich also ebenfalls auf eine Offensive vor, auf eine Großoffensive an der gesamten Südfront des Ostens von Tiraspol bis Jassy, vom Schwarzen Meer bis zu den Karpaten. Mit ungeheurem Menschenmaterial. Rücksichtslos. Dies unter der Regie von Marschall Budjenny, dem Oberkommandierenden des russischen Südabschnittes. Die unzählbaren Sowjetsoldaten werden von mit Pistolen bewaffneten roten Parteikommissaren im Rücken förmlich ins Gefecht getrieben. Wie Vieh zum Schlachthof. Ein Stop gibt es nicht, trotz ungeheurer Blutverluste der sowjetischen Brigaden. Durch Lautsprecher läßt uns das russische Oberkommando wissen, daß wir „Unsere Stiefel gut schmieren" sollen; denn die Stunde der Südfront sei gekommen. Stalin setzt jetzt im Osten alles auf eine Karte; denn am 15. August 1944, vor einigen Tagen erst, landeten seine alliierten Bundesgenossen überraschend in Südfrankreich. Marseille, Toulon und Nizza fielen in die Hand der Anglo-Amerikaner. Am 25. August 1944 bereits besetzten sie Paris. Die Sowjets ergreifen die Gunst der Stunde. Der 2. Weltkrieg ist praktisch entschieden. Die endgültige Wende ist eingetreten. Wir fühlen es. Die deutsche Heeresgruppe Süd trifft Vorbereitungen zur elastischen Abwehr der angekündigten Sowjetwalze. Den knapp 3 Millionen hart kämpfenden deutschen Soldaten der Ostfront stehen 5 Millionen Russen gegenüber. Das Ungleichgewicht der Kräfte und des Materials wird zum ungeschriebenen Gesetz, je länger der Krieg andauert.

Am 19. August 1944 werden wir auf Lastktaftwagen transportiert und an den Schwerpunkt der Front zwischen Jassy und Kischinew geworfen. Causani ist unser Ziel. Mitten in der Nacht stürzt unser mit Mannschaften, Gerät, Waffen und Munition überladener LKW eine Böschung hinunter und verzögert unsere Ankunft an der Front. Morgens gegen 2.00 Uhr, am 20. August 1944, erreichen wir sie. Todmüde und abgespannt. 3 Stunden später, um 5 Uhr in der Frühe, liegt ein schweres Trommelfeuer auf unseren vordersten Gräben. 4 Stunden lang trommelt es unaufhörlich. Die eigene Artillerie ist ausgeschaltet. Um 9 Uhr vormittags am gleichen 20. August 1944, bietet sich ein Bild des Grauens: Ganze Batterien stehen zerfetzt auf den Höhen von Caranteni, ohne einen Schuß abgegeben zu haben. Die Munitionsbunker sind verlassen. Caranteni zusammengeschossen. Aus den Trichtern steigt der Verwesungsgeruch Gefallener. Tote Pferde links und rechts der Straße Causani-Zaim, die ständig von amerikanischen Jagdbombern unter Feuer gehalten wird, um unseren dortigen Nachschub empfindlich zu stören. Die russische Infanterie erzielt gegen 10 Uhr morgens mit Panzerunterstützung einen tiefen Einbruch in diesem hauptsächlich von rumänischen Einheiten verteidigten Frontabschnitt. Noch immer sind die Rumänen unsere Verbündete. Kampfgenossen. Der erste Akt dieses russischen Durchbruchs vollzieht sich jedoch, ohne daß wir wissen, was zur selben Stunde im rumänischen Hinterland vor sich geht. Die Russen scheinen davon Kenntnis zu haben. Hierüber jedoch an anderer Stelle mehr. Rabenschwarz gefärbt ist der Himmel von amerikanischen Jabos (Jagdbombern), die im Tiefflug unzählige Bomben lösen und nach erfolgtem Abwurf derselben über die weiten Sonnenblumenfelder brausen, um die Wirkungen des 4-stündigen Artilleriefeuers der Russen zu beobachten. In den Maisfeldern aber liegt unsere Infanterie, verbissen die süßlichen Maiskolben Bessarabiens kauend, im zusätzlichen Kampf gegen den quälenden Durst.

Um 11 Uhr vormittags suche ich mit meiner Gruppe Deckung in einer versteckt liegenden, fast nicht einsehbaren kleinen orthodoxen Moschee. Aus der Dunkelheit dieses einfachen Tempels heben sich im blassen Kerzenlicht zitternd 4 Hände in die Höhe. Ein greiser Priester und eine junge ukrainische Magd glauben, die ihnen verhaßten Bolschewisten seien schon da. Angstvoll sind ihre Gesichter. Als sie die deutschen Uniformen erkennen, verschwindet plötzlich ihr tiefsitzender Pessimismus. Sie segnen uns für die schweren Kämpfe der vor uns liegenden Minuten und Stunden. Eine gespensterhafte Szene im Dunkel eines Gotteshauses. Wir aber müssen weiter. Die rumänische Bäuerin gibt uns

Weißbrot und Wein mit auf den Weg. Die kleine Moschee verlassend, sehen wir hinter uns herweinend zwei einsame Menschen, die nur zaghaft ihre Köpfe ins Freie stecken. Sie haben Angst vor den näherrückenden Russen und vor dem schweren Opfergang Rumäniens. Ein Kradfahrer überbringt einen Divisionsbefehl, aus dem hervorgeht, daß das Grenadier-Regiment 106 vorerst abwartend als Stoßreserve des Armeeverbandes seine zugewiesene Position einnehmen solle. Vorne kämpfen verbissen die 306. Infanterie-Division, das Feldersatzbataillon 15 und das Infanterieregiment 81 um den Besitz von Caranteni gegen eine vielfache Übermacht der eingesetzten Sowjet-Brigaden. Caranteni wechselt seinen Besitzer mehrmals. Hauptmann Kuhn, mein ehemaliger Kompaniechef in Italien, fällt in diesen Morgenstunden des 20. August 1944 als Kommandeur des 1. Bataillons des Infanterie-Regiments 81. Mit ihm hauchen viele andere ihr junges Leben aus; denn der Russe ist auch in die alten Stellungen von Hagimus eingedrungen und längs der Rollbahn mit Panzern nach Ursoia durchgestoßen. Er erweitert seinen erzielten Durchbruch auf der Linie Ursoia-Causani mittels starker Infanterieverbände und vereinigt sich mit den um den Besitz von Caranteni ringenden Sowjet-Brigaden. Die Artillerie unserer Division ist total ausgeschaltet. Kein deutsches Flugzeug erscheint am Horizont. Kein Panzer nimmt seinen Kurs gegen den Feind. Die deutsche Infanterie ist um 14 Uhr nachmittags fast vollends aufgerieben. Wir werden als Armeereserve in die noch tobende Schlacht geworfen mit dem Auftrag, im Gegenstoß die Russen aus Caranteni herauszuwerfen und die alte Hauptkampflinie wieder herzustellen. Das Regiment schiebt sich in Schützenreihe, tief geduckt, die Straße Causani-Caranteni entlang. In den angrenzenden Maisfeldern selbst bietet sich ein Bild des Grauens: Verwundete, Tote in allen Stellungen so zahlreich, daß man öfters über die Leichen gefallener Kameraden stolpert; Ausrüstungsgegenstände, Kochgeschirre, durchschossene Stahlhelme, Gewehre, tote Pferde, zerfetzte Wagen, durchblutete Uniformen. Immer weiter geht es voran. Noch immer fliegen hauptsächlich amerikanische Bomberstaffeln über die vorstoßenden Feldgrauen hinweg, die, immun geworden, ihre seelische Gleichgültigkeit beibehalten. Trotz des einsetzenden Infernos. Vorn, an der Häuserspitze von Caranteni, wird angehalten. Das Grenadier-Regiment 106 bezieht seine Ausgangsstellung. Die 10. Kompanie soll Caranteni im Sturm nehmen. Werden wir dies erreichen, oder werden wir heute Mittag Kinder des Todes sein? Positive und negative Gedanken schleichen sich ein. Es herrscht wirkliche Ungewißheit in diesem aufgewühlten Frontabschnitt des Ostens.

Ich lasse alles Überflüssige zurück und führe meine Gruppe stoßtruppartig ins bevorstehende Gefecht. Die in Italien von der 4. Königlichen Armee erbeutete Beretta-Pistole ist dabei für den wahrscheinlich einsetzenden Nahkampf sehr wichtig. Man erteilt mir den Auftrag, mit meiner Gruppe und der Gruppe Becker, von der ich später nie mehr etwas hörte, den Ortseingang von Caranteni jenseits einer etwa 8 Meter tiefen Schlucht, die Caranteni in 2 Teile teilt, bis zur Höhe der Kirche zu durchkämmen, erkannten Feind im Häuserkampf zu vernichten und sich wieder mit dem gesamten Zug am nahen Friedhof zu vereinigen. Bei diesem risikoreichen

Auftrag wurde es mir eigentlich erstmals schwarz vor den Augen; denn meine Männer sowie die Gruppe Becker waren von den übrigen Teilen der Kompanie durch besagte Schlucht, die bis zur Kirche keinen Übergang hatte, vollkommen abgeschnitten und getrennt. Die Gefahr bestand, von einem urplötzlich aus Häusern und Hütten vorbrechenden überstarken Gegner in den 8 Meter tiefen Abgrund gejagt zu werden, um dort jämmerlich im Sumpf zu verenden. In diesem Falle hätte man vergeblich an der Friedhofsmauer auf uns gewartet. Infanteristisch war aber, dem Kampfauftrag entsprechend, die Auskämmung Carantenis nicht anders lösbar. Im Anblick der engen Schlucht dachte ich für einen kurzen Moment an die antike griechische Geschichte; denn im Jahre 480 vor Christi verteidigten die tapferen Spartaner im Persischen Krieg den Termopylen-Paß gegen die gewaltige persische Übermacht. Dem gefallenen spartanischen Feldherrn Leonidas und seinen selbstlosen Truppen setzten die Griechen an dieser schwer umkämpften Stelle ein Denkmal, auf dem geschrieben steht: „Wanderer, kommst Du in die Heimat, künde, Du habest uns hier liegen sehen, getreu dem Vaterland und gehorsam der Pflicht."
Von diesem blitzartigen Gedanken schnell Abschied nehmend, bedingt durch die Realitäten des Augenblicks, entwickeln Becker und ich unsere beiden Kampfgruppen. Wir pirschen uns vorsichtig, mit angespannter Aufmerksamkeit die Handgranaten griffbereit, an die Häusergruppen heran, reißen blitzschnell die Eingangstüren auf und durchsuchen Zimmer, Dachluken, Keller sowie Gehöfte. Man findet nichts. Keine Maus, kein Mensch. Es ist verdächtig ruhig. Kein einziger

Schuß fällt. Hier wurde aber noch vor einer Stunde hart gekämpft. Die entstellten Gesichter der Toten verraten es. Lauert der Feind in irgendeinem Versteck? Da sieht Becker in einem nahegelegenen Haus 3 angebrochene Flaschen Wein auf dem Tisch stehen. Das Haus mußte mit Sicherheit fluchtartig von der letzten Besatzung, den Kameraden des 81. Infanterieregiments, verlassen worden sein; denn Stühle und Tische standen so durcheinander wie sie stehen, wenn die Überraschung ihnen ihre Plätze anweist. Der Russe konnte also nicht weit weg sein. Die jungen Männer unserer beiden Kampfgruppen haben trockene Kehlen und trinken wie wahnsinnig die 3 Flaschen leer. So, als wäre dies der letzte Trunk. Der wirkliche Häuserkampf aber steht uns noch bevor. Wir erreichen, ohne Feindberührung über die Schlucht setzend, die Kirchhofsmauer und beziehen links und rechts derselben befehlsgemäß unsere Positionen.

Haus Nr. 25 ist noch in deutschem Besitz. Das nächste, Nr. 27, wird von den Sowjets gehalten. An der äußersten linken Ecke der Friedhofsmauer bringt meine Gruppe das Maschinengewehr in Stellung. Ich liege im Straßengraben und beobachte die Häuserreihen beiderseits der Hauptstraße von Caranteni. Die Minuten verinnen, und es geschieht nichts. Warum gibt der Bataillonsgefechtsstand nicht den Befehl zum sofortigen Angriff? Da erkenne ich plötzlich eine russische Kampfgruppe, die sich, vorgehend uns nähernd, lautlos an den von ihr gehaltenen Häusern entlangschleicht. Unser gut postiertes MG gibt sofort gezieltes Feuer, und das Fanal zum eigenen Gegenangriff ist gegeben. Caranteni gleicht jetzt einem einzigen Ameisenhaufen. Jedes Haus ist eine Bastion. Es entwickelt sich ein mörderischer

Häuserkampf. Die Auseinandersetzung um verfallene Betonklötze, Ruinen, Steinhaufen, Gehöfte, Keller und Dachluken. Caranteni wird zum einzigen Flammenmeer. Handgranaten und geballte Ladungen werden durch Fenster geworfen und landen in den von den Russen noch besetzten Häusern. Aus voller Deckung reißen wir im Moment der Detonation die Haustüren auf, den Überraschungseffekt voll ausnutzend. Den noch lebenden Sowjetsoldaten schleudern wir unser „Ruuki-verch" entgegen. Um 16 Uhr nachmittags sind wir die Herren der Situation. Caranteni ist genommen. Die Sowjets ziehen verlustreich ab. Der Kampfauftrag ist erfüllt. An dieser Stelle muß der tapferen Unerschrockenheit jener 16 Männer gedacht werden, die in den Nachmittagsstunden des 20. August 1944 einer 20-fachen Übermacht des Feindes widerstanden, diese vor sich hertreibend aus den Häusern warf und damit Caranteni dem roten Oberkommando entriß.
Unsere unverhüllt zur Schau getragene Freude und Zufriedenheit hält jedoch nur 1 Stunde an. Becker und ich warten auf Verstärkung. Umsonst. Gegen 17 Uhr nachmittags bereits am gleichen 20. August 1944 holt der Russe auf der uns gegenüberliegenden Höhe neue Truppen in Regimentsstärke heran, wiederum angetrieben von roten Kommissaren, die sich im Hintergrund deutlich sichtbar bewegen. Mein Freund Becker und ich stehen vor der drohenden Umklammerung. Mit dieser Umfassungsbewegung versuchen die Sowjets, ihre erlittene frontale Schlappe zu bereinigen. Und in der Tat, ganz hinten an der Friedhofsmauer schießt es erbärmlich. Anscheinend ist der dort liegende Rest der Kompanie bereits in Feindberührung mit dem angreifenden

Sowjets gekommen. Mit deren frisch in die Schlacht geworfenem unzählbarem Menschenmaterial. Um sich aus dieser russischen Zange zu befreien, befehle ich die sofortige Aufgabe der besetzten Häuserblocks. Im Caracho gelangen wir zur bedrohten Flanke unserer schon kämpfenden Restkompanie. Vereint sind wir stärker. Der Russe greift in sich stur wiederholenden Wellen an und badet sich bedenkenlos in seinem eigenen Blut. Noch entwickeln unsere in Stellung gegangenen MG's eine beachtliche Feuerkraft. Scharfschützen schießen gezielt auf die immer näherkommende Sowjetwalze. Man ist in einen schweren Abwehrkampf verwickelt. Der tragische Höhepunkt der Schlacht um Caranteni ist gekommen. Das Drama des Untergangs der gesamten Rhein-Main-Division in Bessarabien. Dies im Raume zwischen Tiraspol und Jassy. Es ist 17.45 Uhr an einem brütend heißen Nachmittag dieses 20. August 1944. Noch im Gefechtslärm erreicht uns die Nachricht, daß in der rumänischen Hauptstadt Bukarest sowie im sonstigen Hinterland die kommunistische Revolution ausgebrochen sei und Antonescu die Staatsgeschäfte niedergelegt habe. In Bukarest tobt der Straßenkampf zwischen der „Eisernen Garde" des Marschalls Antonescu und den dortigen, von Moskau gesteuerten Kommunisten. Der rumänische König Michael I. stürzt in dieser verwirrenden Situation Antonescu, wurde aber nach Kriegsende 1947 von den regierenden Kommunisten abgesetzt. Bis dahin blieb die Monarchie noch formell den Rumänen erhalten. Auf den Höhen von Caranteni aber läuft die rumänische Infanterie in hellen Scharen zu den Sowjets über, ihre Waffen jetzt gegen uns selbst gerichtet. Dies mitten im schweren Abwehrkampf gegen die Russen, deren Angriffswellen sich bereits uns bis zu 50 Metern genähert haben. Vor 1 Stunde noch waren wir Verbündete. Freunde. Jetzt stehen wir verlassen an der Friedhofsmauer und verteidigen alleine und verbissen einen wichtigen Teil der Balkanfront. Dies in einer weltgeschichtlich bedeutsamen Stunde. Jeder Meter Boden, den der Russe allein aufgrund seiner 20-fachen Übermacht an Menschen an sich reißt, kostet ihn Ströme von Blut. Doch nun ist ihm die Umfassung gelungen. Nur noch hinter uns ist der Rücken frei. Nicht mehr lange. Auf der Hochebene von Caranteni, auf der sich nun unsere gesamte Infanterie absetzt, hält der Tod reiche Ernte. Die russische „Stalin-Orgel" setzt mit mathematischer und diabolischer Genauigkeit ihre Granaten haarscharf auf unsere vorderen Rückzugslinien. Das feindliche Granatwerferfeuer ist höllisch. Es lliegt in breiter Front vor uns, und ich sehe nachmittags um 18 Uhr praktisch keine Möglichkeit mehr, diesen Feuervorhang aus Stahl und Eisen mit meiner Gruppe zu durchbrechen. Probieren aber geht vor Studieren. Lieber den Tod in Kauf nehmen als in russische Gefangenschaft zu geraten. Von dieser Parole ließen wir uns leiten. Um die Ohren zischt es bedenklich. Den Anschluß an die Kompanie und an die Gruppe Becker habe ich mit meinen 8 Mann verloren. Wir kämpfen jetzt, abgeschnitten und einsam, um unser nacktes Leben. Operativ ist hier nichts mehr zu machen. Die Einschläge haben tiefe Lücken in die Reihen der Kompanie gerissen. Sie landen in unmittelbarer Nähe. Wir nehmen voll Deckung. Aus den aufgewühlten Granattrichtern fliegen dicke Dreckbrocken und Splitter über unsere geduckten Köpfe hinweg. Zwei Männer meiner Gruppe springen mit mir in einen seitwärts gelegenen Unterstand, in dem noch die Munition unserer zerfetzten Batterien aufgestapelt liegt. 6 Meter daneben verblutet jemand, schwer verwundet. Ich erkenne ihn nicht sofort. Seine Lippen sind bleich wie seine Gesichtsfarbe und wispeln unverständliche Laute. Es ist Vogedes, der 2. MG-Schütze meiner Gruppe. Dahinsterbend. Auf dem Sprung zu ihm. durchschlägt ein Explosivgeschoß seine linke und rechte Wange, ihm Zunge und Gesicht zerfetzend. Ein zweites trifft seine Brust. Noch einmal bewegen sich seine weit geöffneten Augen. Sie werden glasig. Der Atem kommt zum Stillstand, begleitet von einem kurzen Stöhnen. Vogedes stirbt in meinen Armen. 3 Meter dahinter jammert der Scharfschütze Seiler. Ein Geschoß hat ihm das linke Schulterblatt durchschlagen. Ich will ihn aus dem Feuerhagel in den Unterstand schleifen. Er lehnt aber entschieden ab. Alle Lebensgeister scheinen in ihm erstorben zu sein. Hoffnungslos ergibt er sich seinem Schicksal. Es schreit schon „Hurräää" hinter uns. Die russische Infanterie stürmt gemeinsam mit den abgefallenen Rumänen auf die Höhe von Caranteni, den Durchbruch nach Causani einleitend. Wir werfen verzweifelt die 10 uns verbliebenen Handgranaten in die vorderste Welle der angreifenden Sowjets. Schwarze Rauchwolken entzieht diesen die Sicht. Die Detonationen lassen für 2 Minuten das Geschrei der russischen Infanterie verstummen. Die Gunst des Augenblicks ausnutzend, stürze ich mit meinen mir noch verbliebenen Männern aus dem Munitionsbunker heraus, die Höhe hinaufeilend. Da pfeift ein Gewehrschuß an meiner rechten Hüfte vorbei, den Gewehrriemen zerreißend. Der Karabiner geht im

Rennen mit dem Tod verloren. Links neben mir fällt unser Freund Bernhard und haucht sein 19-jähriges Leben aus. Der 1. MG-Schütze Fingernagel bleibt verwundet liegen, reißt sich aber mit letzter Kraft zusammen und macht unsere mühsame Absatzbewegung mit. Gehetztes Wild. Wieder voll Deckung nehmend, liegen die feindlichen Einschläge nur noch 5 Meter vor und hinter uns. Sie pfeifen haarscharf an uns vorbei. Aufspringend, laufen wir anschließend durch das mörderische Feuer. Der Verzweiflung nahe, die Hoffnung auf ein glückliches Entrinnen aber noch immer nicht aufgebend. Erschöpft gleiten wir auf die Erde, küssen sie. Die sowjetische Infanterie hinter uns wissend und spürend. Etwa 1 Minute lang kurze Atempause. Fest an den Boden gepreßt, wird es plötzlich heiß an meiner linken Ferse. Ein Granatsplitter durchschlägt sie. Eine kleine, aber schmerzhafte Verwundung. Trotzdem machen wir weiter. Wir wollen dem Russen nicht in die Hände fallen. Zu meiner rechten erspähe ich ein wogendes Maisfeld, das von der Höhe zur Ebene abfällt und daher von den angreifenden russischen Brigaden nicht eingesehen werden kann. Mit brennenden Schmerzen im Fußgelenk stürme ich mit meinen mir verbliebenen 5 Männern in dieses Maisfeld hinein, das Russenfeuer durchlaufend. Wir sind jetzt der Sicht der Sowjets entzogen. Es ist 19 Uhr abends. Die Natur hat uns den richtigen Weg geebnet. Die Gasse der Freiheit ist beschritten. Neue Hoffnungen keimen. Im Maisfeld versammeln wir uns. Die Magnetnadel und unser Gespür verhindern, daß wir in die zangenhaft verlaufenden russischen Linien geraten. Wir sind dem Gegner entronnen. Der Weg führt uns, das hohe Maisfeld jetzt aufrecht durchschreitend, über

Weinberge zum Rest der Kompanie, die schon nicht mehr auf uns gerechnet hatte. Von ihren 120 Mann sind nur noch 13 übriggeblieben. Unter Führung eines Majors bilden wir, gut getarnt, eine schwache Verteidigungsstellung. Dies in der dunklen Nacht des 20. August 1944. Wegen der erforderlich gewordenen Wundversorgung begebe ich mich auf Anraten des Majors mit einem ebenfalls Verwundeten, die Weinplantagen hinter uns lassend, zur Straße Causani-Zaim, die noch in deutscher Hand ist. Dort empfängt mich, aus einem Wagen aussteigend, mit der Taschenlampe mein Gesicht beleuchtend, der Regimentskommandeur Oberst Normanny. Er überreicht mir wegen „Tapferkeit vor dem Feind" ohne sonstige Zeremonien das Eiserne Kreuz II. Klasse.

In der Nacht noch werden wir zum Hauptverbandsplatz Zaim transportiert. Noch einmal geistern unvergeßliche, scheußliche Bilder vor meinen fiebrigen Augen: Die vom Tod Gequälten, die Sofortsterbenden, all die Verwundeten, die nicht mehr mitgenommen werden konnten und vergeblich auf ihre Befreiung warteten. Die vom Durst Gepeinigten, die den ausgetrockneten Mund in grünlichen Wasserlachen kühlten. Den Sturmlauf nach Caranteni, brennende Häuser, die Verteidigung an der Friedhofsmauer, der stählerne Feuervorhang auf der Höhe von Caranteni, die dramatische Auseinandersetzung zwischen Eisen, Feuer und Mensch. Sterbende und verwesende Pferde, zuverlässige und treueste Begleiter des Frontsoldaten. Der Wehrmachtsbericht vom 20. August 1944 über die Schwarzmeerfront schließt mit folgenden Sätzen: „Im Südabschnitt der Ostfront hat sich das 30. Armeekorps unter Führung des Generalleutnants Postel mit der 306. Infanterie-Division, der 15. Infanterie-Division und der 13. Panzerdivision in aufopfernden Kämpfen gegen zahlenmäßig weit überlegene feindliche Kräfte heldenmütig geschlagen". Dies war der propagandistische Abgesang auf den Untergang der neugebildeten 6. Armee.

Brodelnder Balkan/Die Ostfront wankt
September 1944 – Dezember 1944

An allen Frontabschnitten Europas zeichnet sich deutlich die zu Ungunsten des Deutschen Reiches eingetretene veränderte Kriegslage ab. Praktisch von allen Freunden und Verbündeten verlassen, kämpft die deutsche Wehrmacht alleine auf verlorenem Posten einen heroischen Kampf. Am 24. August 1944 bittet das Königreich Rumänien um Frieden. Es ist jetzt offiziell mit den Alliierten verbündet. Schon einen Tag später, am 25. August 1944, bricht Bulgarien aus der ehemaligen Achsenfront aus. Die bulgarische Diplomatie erreicht auf diplomatischem Weg Friedensverhandlungen, die von Moskau diktiert werden. Die Russen marschieren ein. 1946 wird Bulgarien unter dem berüchtigten, von den Sowjets im Kreml geschulten Georgii Dimitroff, der auch in den Reichstagsbrandprozeß von 1933 verwickelt war, kommunistische Volksrepublik.
Im hohen Norden Europas, an der Lapplandfront, regt die finnische Regierung am 3. September 1944 Friedensgespräche den Alliierten gegenüber an. Am 19. September 1944 stellt der finnische Oberkommandierende, General Mannerheim, die Kampfhandlungen gegen die sowjetischen Truppen ein. Es kommt am nördlichen Polarkreis zum Waffenstillstand zwischen den Russen und Finnland. Die Eismeerküste mit dem eisfreien Hafen Petsamo sowie das Karelische Tiefland gehen aufgrund späterer friedensvertraglicher Regelungen an die Sowjetunion verloren. Das deutsche Oberkommando zieht seine dort seit 1941 mit den Finnen zu-

sammen kämpfenden Truppenverbände ab, weil diese an anderer Stelle dringendst benötigt werden.

Im Mittelabschnitt der Ostfront muß die deutsche Heeresgruppe Mitte aufgrund ihrer Unterlegenheit an Menschen und Material dem Ansturm der Russen weichen, die bereits an der Grenze Ostpreußens stehen. Im Südabschnitt der Ostfront erobert die Rote Armee die Halbinsel Krim zurück, nachdem Rumänien kapitulierte und die Ukraine endgültig für Rußland gesichert war. Am 16. Okotber 1944 bittet der ungarische Reichsverweser, Admiral Nikolaus von Horthy, die Alliierten um Friedensgespräche, wird aber von deutscher Seite aus daraufhin verhaftet. Der neue ungarische Regierungschef Szalasi stattet Hitler im Dezember 1944 einen Besuch im zerbomten Berlin ab. Erst am 20. Januar 1945, nachdem die Russen große Teile Ungarns bereits besetzt hatten, schloß Budapest mit ihnen Waffenstillstand. Im Dezember 1944 stehen die Sowjets in Ostpreußen. Das dort etablierte „Führerhauptquartier", die „Wolfsschanze", wird aufgegeben und verlegt.

Auf dem italienischen Kriegsschauplatz registriert man ein meterweises Vor- und Zurückgehen der britischen 8. und der amerikanischen 5. Armee. Bei Faenza kämpfen die Anglo-Amerikaner um den Besitz der nach Bologna führenden Straße. Strategisches Ziel ist das Erreichen der Po-Ebene.

An der Westfront des Reiches stehen seit Oktober 1944 die alliierten Armeen an der deutschen Grenze bei Aachen. Ihre weitergehenden Operationsziele bleiben aber zunächst im Vorfeld des Westwalls stecken. Am 16. Dezember 1944 startet das deutsche Oberkommando überraschend, vom Hohen Venn in der Eifel ausgehend, eine Großoffensive in 100 Kilometer Breite. Es war die letzte. Sie kommt nicht voran, bedingt durch die Luftüberlegenheit der Anglo-Amerianer. Diese ergriffen schon nach wenigen Tagen wieder die operative Initiative, überquerten den Rhein und stießen in 2 Stoßkeilen nach Nord- und Süddeutschland vor, begleitet von starken Panzerverbänden. Während britische und amerikanische Bomberstaffeln nicht nur die deutsche Industrie- und Waffenproduktion ausschalteten, radierten sie darüberhinaus fast alle deutschen Großstädte aus. Bedenkenlos und völkerrechtswidrig warfen sie ihre Bombenlast in Tag- und Nachtangriffen auf die Zivilbevölkerung ab. Der deutschen Reichsregierung blieb in dieser ausweglosen Situation nichts anderes übrig, als die letzten zivilen Reserven in Form des „Volkssturmes" zu organisieren. Jugendliche unter 18 Jahren sowie die noch wehrfähige ältere männliche Generation wurden zu den Waffen gerufen. Propagandistisch verkaufte man dem Volk diese Notstandsaktion damit, indem man permanent erklärte, daß der Endsieg durch den bevorstehenden Einsatz der neu entwickelten V-Rakete gesichert sei. Dieses phänomenale Raketensystem würde letztendlich den 2. Weltkrieg durch seine enorme Reichweite und Sprengkraft zugunsten Deutschlands entscheiden. In der Tat steckte in dieser Propagandaoffensive ein Stück Wahrheit; denn der deutsche Raketenforscher Wernher von Braun hatte in Peenemünde die V2 soweit entwickelt, daß Washington und London ernsthaft und sorgenvoll deren baldigen Einsatz fürchteten und entsprechend in Erwägung zogen. Bedingt durch das aufsehenerregende Vorhandensein jener Geheimwaffe, klammerte sich das deutsche

Volk in seiner überwältigenden Mehrheit an diese letzte Hoffnung. Es glaubte daran. Operativ umso eiliger hatten es nun die Anglo-Amerikaner auf dem deutschen Kriegsschauplatz. Ihr Luftterror gegen die deutsche Zivilbevölkerung stieg ins Unermeßliche, begleitet von einer großangelegten Propagandawelle. Ziel war, den Widerstandswillen und die Moral des deutschen Volkes endgültig zu zerbrechen. Die V2 kam schließlich nicht mehr zum Einsatz. Wernher von Braun stand nach dem 2. Weltkrieg der amerikanischen Raketenforschung zur Verfügung.

Nachdem die Streikräfte Rumäniens im August 1944 zur Roten Armee überliefen, gelangte der letzte deutsche Verwundetentransport aus Bessarabien auf abenteuerliche Weise mit einer gerade noch rechtzeitig gecharterten Lokomotive quer durch den Balkan nach Wien. Hier wurden die von den Schrecken des Krieges Gezeichneten in der Wiener Hofburg untergebracht, die damals als Reservelazarett fungierte. Viele von ihnen mußten, nach nur kurzer Ruhenspause, wieder den Marsch an die Front antreten. Fieberhaft arbeitete man in den Frontleitstellen an der Zusammenstellung neuer Truppenverbände. Die Schlachtfelder Europas forderten ungeniert immer neue Opfer. Erbarmungslos. Andere, darunter ich, wurden in die Ersatztruppenteile der Heimat entlassen. So gelangte ich Ende Oktober 1944 wieder zu jenem Regiment, das mich im Oktober 1940 zum Rekruten ausbildete, zum Infanterie-Regiment 81 nach Frankfurt am Main. Dort ernannte man mich im November 1944 zum Reserveoffiziersbewerber (ROB). Nach abgelegter und bestandener Prüfung beförderte man mich Anfang Januar 1945 zum Fahnenjunker-Unteroffizier. Das tägliche Kasernenleben war begleitet von ständigen Luftangriffen der alliierten Bomberstaffeln auf die Stadt Frankfurt am Main. Die Zivilbevölkerung lebte in diesen Tagen des Neuen Jahres 1945 in panischer Angst. Sie hetzte von Alarm zu Alarm in die betongeschützten Luftschutzbunker. Ein gewisser Pessimismus machte sich breit. Der einsetzende Zweifel, ob der Krieg denn wirklich noch gewonnen werden könne, schwelte im lautlosen Untergrund. Man durfte ja, wie in durchorganisierten Diktaturen üblich, öffentlich keine Bedenken äußern. Jeder Straßenzug hatte seinen amtlich bestellten Blockwart. Dieser hörte mit. In den Kaseren selbst wurden die letzten Aufgebote zu Marscheinheiten zusammengestellt. Kaum Genesene verschwanden erneut in den Weiten des Ostens oder wurden rücksichtslos in die im Westen tobende Materialschlacht hineingeworfen. Eine Portion Glück und wahre Freundestreue bewahrte mich vor diesem Schicksal. Mein Klassenkamerad Otto Heider, mit dem ich 1937 und 1938 bei Eintracht Frankfurt Fußball spielte, signalisierte mir, im Bataillonsstab als Unteroffizier seinen Dienst versehend, daß ich als Fahnenjunker zur Kriegsschule für Infanterie-Offiziere gemeldet worden sei und daher nicht zur Front abgestellt werden würde.

Signale des Unterganges:
Breslau, Dresden und Berlin.
Januar 1945 – März 1945

Am 15. Januar 1945 erfolgte die Inmarschsetzung zum Fahnenjunkerlehrgang in der Kriegsschule Mährisch-Ostrau. Diese Stadt war jedoch nicht mehr erreichbar. Stop im Breslauer Hauptbahnhof. Sowjetische Panzerspitzen operierten bereits, vom Raume Posen-Krakau kommend, an der schlesischen Grenze. Oppeln, Gleiwitz und Breslau waren höchst gefährdet. Das rechte Oderufer wurde evakuiert. Im Bahnhof von Breslau herrschte ein heilloses Durcheinander. Kommandostimmen drangen durch seine Hallen. SS-Kommandos versperrten alle Ein- und Ausgänge. Panik im wahrsten Sinne des Wortes. Wir waren in der Falle. Unsere Lehrganggruppe, bestehend aus 10 Mann, konnte weder nach Mährisch-Ostrau weiterfahren noch war ein Entweichen aus dem Breslauer Bahnhof möglich. Die Nacht brach an. Fieberhaft stellten SS-Leute in der Bahnhofshalle aus dem Reservoir der Eingeschlossenen kleinere Alarmeinheiten zusammen, die das von den Russen noch nicht besetzte Oderufer verteidigen sollten. Hinzu kamen weitere Verbände aus den Breslauer Kasernen: Volkssturm, Verwundete und Hitlerjungen. Die SS aber führte lediglich Regie. Unter uns weilte der ortskundige Breslauer Fahnenjunker Goggolok, dessen Eltern direkt an der Oder ein Großkino betrieben und auch dort wohnten. Der Weg zur Freiheit war zum Greifen nahe. Aber wie sollten wir aus dem Bahnhof herauskommen? Goggolok war unsere letzte Hoffnung.

Er kannte eine kleine, von der SS nicht wahrgenommene Seitentür der Bahnhofshalle, aus der wir unentdeckt im allgemeinen Wirrwarr ins Freie entweichen konnten. Wir übernachteten bei Goggoloks Eltern im Filmpalast der „Terra-Film AG", und zwar in den Räumen der Ateliers auf spiegelglattem Parkett, das teilweise mit schweren Perserteppichen belegt war. Schlaf fanden wir keinen; denn durch Breslaus Straßen peitschten auf schweren Motorrädern SS-Kolonnen, die vom schlesischen Gauleiter Hanke beauftragt waren, Greise und Halbwüchsige für den bevorstehenden aussichtslosen Endkampf einzusammeln und festzunehmen. Am nächtlichen Himmel blitzte geisterhaft russisches Leuchtfeuer, vom anderen Oderufer abgeschossen. Bomben fielen keine. Zwei Tage hielten wir uns in der Wohnung Goggoloks verborgen. Die Straße zu betreten, wäre für uns ein gewaltiges Risiko gewesen. Breslau war, schneller als erwartet, zum Kriegsschauplatz geworden. Am dritten Tag endlich brachen wir auf. Wir wollten, noch hoffnungsvolle junge Leute im Alter von 25 Jahren, nicht am Oderufer sterben. An den Brückenköpfen des Flußübergangs waren schwere Maschinengewehre postiert. Die Zivilbevölkerung Schlesiens flüchtete in diesen Tagen des Januar 1945 ins Sächsische. Um 7 Uhr morgens verließen wir unser Versteck und traten, wie untereinander abgesprochen, auf der Straße in Marschkolonne an, eine Kampfgruppe vortäuschend. Der „Kommandoführer" gab theatralisch seine Befehle. Wir sangen mit voller Kehle unsere wohlvertrauten Marschlieder und passierten unangefochten und unkontrolliert auf den Straßen der schlesischen Landeshaupt-

stadt placierte SS-Posten. Diese nahmen an, daß wir auf dem Marsch zur Front seien.
Mit der Straßenbahn fuhren wir, endlich das heiße Pflaster Breslaus verlassend, nach Deutsch-Lissa. Dieses glich einem einzigen Heerlager. Deutsche Panzer durchfuhren die Stadt. Wir hatten es jetzt sehr eilig. Hinein in den Zug nach Liegnitz. Heraus aus der Gefahrenzone Nr. 1. Unser Ziel war das sächsische Dresden. Wir erreichten es von Deutsch-Lissa aus mit der Bahn. Das dortige 9. Armeekorps nahm zur Kenntnis, daß Mährisch-Ostrau nicht mehr zu erreichen war. Man schickte uns per D-Zug zurück zum Ersatztruppenteil, zum Infanterie-Regiment 81 nach Frankfurt am Main.
Schon am 3. Februar 1945 stellte man mich zur Kriegsschule für Infanterie-Offiziere nach Dresden ab, die im Jahre 1928 von Generalfeldmarschall von Hindenburg eingeweiht wurde. Auf dem Stundenplan der Offiziersanwärter, die teilweise auch Ritterkreuzträger waren, standen an erster Stelle Taktik, Strategie, Sandkastenspiele, Geschichte und Weltanschauung. Ein die Reitpeitsche schwingender norddeutscher Hauptmann mit öliger Stimme vermittelte uns seine militärischen und ideologischen Erkenntnisse. Wir verspürten alle den Ernst der Situation, glaubten aber selbst nicht mehr an den prophezeiten Endsieg. Auch der Taktiklehrer konnte uns nicht mehr blenden. Einer der Unsrigen, der es wagte, seine Zweifel im Unterricht an der Generalstabskarte logisch zu begründen, wurde am anderen Tag standrechtlich erschossen.
An meinem 25. Geburtstag, dem 13. Februar 1945, griffen, kurz vor Mitternacht, amerikanische und englische Bomberstaffeln die sächsische Landeshauptstadt

an. Ihre Lufttorpedos und Phosphorbomben wurden wahllos auf die Zivilbevölkerung abgeworfen. Dem Alarm folgte das Chaos. Dresden wurde zu 60% zerstört, über 100.000 Menschen starben und verbrannten verkohlt in den verbliebenen Ruinen. Die Westalliierten setzten sich lächelnd über existierendes Völkerrecht hinweg. Ihr Ziel hieß totale Vernichtung. Egal wie. Die Krone dieses unbeschreiblichen Terrors war, daß in der gleichen Nacht die hauptsächlich aus Breslau kommenden schlesischen Flüchtlingstrecks von den Bomberverbänden der Anglo-Amerikaner ständig überflogen wurden. Phosphorbomben wurden auf die Masse der Flüchtenden wahllos abgeworfen. Diese glaubten, das angeblich sichere Dresden zu Fuß, Handkarren mit letzter Habe ziehend, erreichen zu können. Hier hielt der Tod zusätzliche Ernte. Erstaunlich war, daß die überwiegende Mehrheit des Volkes noch immer an den Einsatz der V2-Wunderwaffe glaubte. Es zerbrach nicht in diesen schweren Tagen. Solidarität war noch immer Trumpfas der Heimatfront. Sie schluckte das Opium der eigenen Propaganda glaubensvoll hinunter. Verbittert auch über den Bombenterror der Westmächte. Die Faust des Diktators und seine glänzende Rhetorik, auch im Unglück, taten das Übrige. Selbst sogenannte Intellektuelle wie Professoren, Doktoren, Pfarrer, Schriftsteller etc. beschworen in ihrer überwiegenden Mehrheit den „bevorstehenden Endsieg".
Den Alliierten war bekannt, daß sich in Dresden-Neustadt die Kriegsschule für Infanterie-Offiziere befand. Für sie also ein begehrenswertes Angriffsobjekt. Die Royal-Air-Force der Engländer flog mehrfach diesen Kasernenkomplex an, Brandbomben werfend. Darauf-

hin wurde der Lehr- und Ausbildungsbetrieb dieser Offiziersschule aufs Land verlegt. Neuer Standort wurde Wachau im Kreise Radeberg, nordöstlich von Dresden. Ein kleines Dörfchen, bewohnt von etwa 100 Kleinbauern. Im Mittelpunkt der Dorfgemeinschaft stand ein Schloß, das seit dem 14. Jahrhundert einem sächsischen Rittergeschlecht gehörte. Vom Inspektionschef der verlagerten Schule wurden wir in Theorie und Ausbildung täglich nach Punkten bewertet. Harte Maßstäbe wurden hier angelegt. Man beförderte mich schließlich zum Leutnant. Erstmals trug ich eine Offiziersuniform, auf die ich sehr stolz war. Der weitere Verlauf dieses Krieges jedoch ekelte mich an. Die Zeit der deutschen Siege war vorbei. Das Gespenst der totalen militärischen Niederlage stand vor uns. Dies im Februar 1945.

Die Tage eilten dahin, und mit ihrem Verschwinden wurde die deutsche Kriegführung sichtbar komplizierter und problematischer. Benzin und Öl waren nur noch spärlich vorhanden, die Lebensmittel rationiert. Auch in der Truppe wurde Hunger zum treuesten Begleiter des Soldaten. Die Bauern von Wachau luden uns abends zum Essen ein. Sie hatten Mitleid mit uns. Auf einfachen Holztischen aßen wir, gemeinsam mit den Familien, Pellkartoffeln und Speck. Wir fühlten uns hierbei wie Könige und waren überrascht von der großen Hilfsbereitschaft der Sachsen.

Plötzlich nahmen wir von Wachau Abschied. Wir wurden nach Berlin-Döberitz verlegt. Dort wurde eine elitär getrimmte Fahnenjunkerdivision zusammengestellt. Auch ein Blinder hätte das inzwischen eingetretene militärische Chaos wahrgenommen. Es war überall sichtbar. Man beeilte sich in Döberitz mit der Aufstellung der wirklich letzten Reserven, um nicht am nahen Potsdamer Platz in Berlin von den Russen überrascht zu werden, die unaufhaltsam mit ihren Panzerspitzen der Reichshauptstadt engegeneilten. Nachts vernahmen wir den grollenden Kanonendonner der sich nähernden Schlacht um Berlin, ohne daß wir zu diesem Zeitpunkt schon gefechtsbereit ausgerüstet waren. Die letzten Mannen des großen Abenteuers standen abwartend bereit. Ende März 1945 endlich war die Aufstellung der Division beendet.

In einer regnerischen, stockdunklen Märznacht hatte ich dem Divisionskommandeur eine Geheimakte ins Kasino der Generalität im Herzen Berlins zu überbringen. Es handelte sich dabei um die rechnerische Zusammenfassung der Division auf geduldigem Papier. Am nächtlichen Horizont jedoch blitzte in unregelmäßigen Abständen die Wirklichkeit des Krieges auf, die quantitative Überlegenheit des feindlichen Materials. Die Front schob sich näher und näher an die Reichshauptstadt heran. Im Dunkel der Nacht ergoß sich der strömende Regen erbarmungslos auf das von Bomben aufgerissene Straßenpflaster Berlins. Ein trauriges Symbol jener entscheidenden Tage unserer Geschichte. Als ich, völlig durchnäßt, das Kasino der Generalität erreichte, bot sich mir als junger Offizier ein national unwürdiges und enttäuschendes Bild. So wie man einst zur Zeit des Fürsten Metternich 1814/15 auf dem Wiener Kongreß tanzte anstatt ernsthaft am politischen Tagesgeschäft zu arbeiten, so sprachen hier im letzten Bollwerk der Reichsverteidigung einige verantwortliche Militärs überreichlich dem Alkohol zu. Draußen aber im klatschenden Regen jener entscheidenden Märztage 1945 sog die

brandenburgische Erde das Blut tausender lautlos sterbender Grenadiere auf. Nicht einmal die ihnen zustehende Brotration erhielten sie, während jene Herren im Kasino am laufenden Band Schinkenbrötchen sowie Kaviar mit Sekt aufgetragen bekamen. Widerlich empfand ich diese Szenerie und entfernte mich.
Diesen geschilderten Ereignissen ging in der Zeit vom 4. Februar bis 11. Februar 1945 in Jalta auf der Krim die Konferenz des amerikanischen Präsidenten Roosevelt mit Churchill und Stalin voraus. Sie diente der Vorbereitung des deutschen Zusammenbruchs und der Aufteilung des Reiches in Interessenzonen. Am 7. März 1945 überquerten die alliierten Briten und Amerikaner den Rhein bei Remagen. 85 Divisionen der Westmächte bewegten sich in Richtung Berlin. Würden sie eher dort eintreffen als die Russen? Für die Alliierten war dies in jenen Tagen eine Prestigefrage.

Endeinsatz im Harz
- April 1945 -

Das Reich krachte in allen Fugen. Man spürte es, daß die Entscheidung bevorstand. Die Nation stand auf dem Spiel. Eine grauenhafte Optik bot sich dem Volk und seinen Soldaten dar. Die Märztage des Jahres 1945 gingen zu Ende. Die in Berlin-Döberitz aufgestellte Fahnenjunkerdivision, eine Eliteeinheit, wurde in den Harz verlegt und kam dort zum Einsatz. Inmitten des Operationsgebietes von Russen und Amerikanern. Die Sowjets waren primär darauf bedacht, zunächst Berlin zu erobern, um dann, von der Oder und dem sächsischen Raum kommend, sich mit den Anglo-Amerikanern an der Elbe zu treffen. Erklärtes Operationsziel der Westalliierten war, ihre von Remagen aus eingesetzten 85 Divisionen in ihrer Masse bis zum linken Elbufer vorstoßen zu lassen und dort Halt zu machen. Da Anfang April 1945 noch die Schlacht um Berlin tobte, und die Russen dort in erbitterte Kämpfe verwickelt waren, standen wir im Harz ausschließlich den vom Westen kommenden amerikanischen Kampfverbänden gegenüber.
Der Bataillonsgefechtsstand unserer Einheit befand sich in einem Felsenbunker nahe Börnicke, versteckt in den Wäldern des Harzes. Mit ihren beweglichen Panzerspitzen erreichten die Amerikaner schneller als erwartet das Kampfegbiet. Das Rasseln der gegnerischen Panzerketten läßt uns aufhorchen. Gefechtslärm durchdringt die stille Waldlandschaft. 300 Meter vor uns sind amerikanische Panzer in Stellung gegangen. Am 9. April 1945, morgens gegen 9 Uhr, werden diese gepanzerten Unge-

tüme von uns mit Panzerfäusten angegriffen. Ohne sichtbare Ergebnisse. Bereits gegen 10 Uhr, also 1 Stunde später, ergreifen die Amerikaner im südlichen Teil von Börnicke die Offensive. Sie schlagen zurück. Panzerspähwagen rollen auf uns zu. Wir liegen, die Erde umkrallend, im Unterholz. Panzergranaten sausen millimeterscharf über unsere Stahlhelme hinweg. Abschüsse und Einschläge strapazieren das Trommelfell. Der Bataillonsbunker steht in Flammen. Im letzten Moment wurden alle Geheimunterlagen von uns vernichtet. Deutsche Panzer und Kampfflugzeuge sind nirgends sichtbar. Wahrscheinlich nicht mehr vorhanden. Wir kämpfen alleine, nur mit infanteristischen Mitteln, verbissen um die Niederhaltung des hochmotorisierten Gegners. Dies im Raume Ballenstedt-Aschersleben. Während sich das Bataillon auf der einzigen noch freien Landstraße, Richtung Quedlinburg, absetzt, bleiben ein Unteroffizier und ich verabredungsgemäß noch immer vor den anrollenden Panzern in Stellung liegen, um den Rückzug der Bataillonseinheit zu sichern. Ein Panzervolltreffer zerfetzt das Gesicht meines Kampfgenossen. Den Widerstand aufgebend, arbeitete ich mich mutterseelenallein, unter starkem feindlichen Beschuß stehend, durch das Unterholz des Waldrandes, aus der Lichtung heraus die Landstraße nach Quedlinburg erreichend. Immer im Straßengraben sich vorwärts bewegend. Unzählige Male voll Deckung nehmend; denn die Amerikaner belegen diesen Fluchtgraben mit gezieltem Feuer. Es ist ein Spiel mit dem Tode. Hundemüde erreiche ich abends in der Dunkelheit die Stadt Quedlinburg. Verstaubt, verdreckt und verschwitzt. Dort herrscht ein hektisches Durcheinander. Deutsche Truppen befinden sich nicht mehr darin. Ratlose Menschen drängen sich um mich und fragen, was denn nun werden solle. Der Amerikaner steht 4 Kilometer vor den Toren der Stadt. Die Parteiprominenz hat sich rechtzeitig aus der Verantwortung gestohlen. Sie ist abgereist. Wie ich später erfuhr, wurde Quedlinburg 2 Stunden später zur „offenen Stadt" erklärt, so daß dem kampflosen Einmarsch des amerikanischen Militärs und seiner Panzerkolonnen nichts mehr im Wege stand. Vorher gewährte mir eine Quedlinburger Familie selbstlos einen Unterschlupf, in welchem ich mich in aller gebotenen Eile wusch und zu später Abendstunde einsam weiterzog.

Über bewaldete Höhenzüge hinweg führte mein Weg. Keuchenden Atems wieder absteigend, an Panzersperren vorbei, gelangte ich im Scheine des Mondes unerkannt im Tal. Dort floß die Bode. Nach kurzer Nachtrast frühmorgens aufwachend, lag die Stadt Thale vor mir. Sie war noch im Morgennebel eingehüllt. Der aufgehenden Sonne folgend, erreichte ich ein Schulgebäude, in welchem ich mit meinem dort biwakierenden Truppenteil wieder zusammentraf.

Inzwischen vernahmen wir, daß nördlich des Harzes die Amerikaner am 20. April 1945 das durch Luftangriffe total zerstörte Magdeburg eingenommen hatten und somit an der Elbe standen. Noch hatten wir es nur mit den vom Norden her anrollenden amerikanischen Verbänden zu tun, da das von den Alliierten beabsichtigte Rendez-vous an der Elbe zwischen Russen und den US-Streitkräften noch nicht realisiert war. Dieses Ziel der Alliierten war aber greifbar nahe. Es sickerten Meldungen durch, daß Washington die Absicht habe, nachdem Präsident Rossevelt am 12. April 1945 schwerkrank starb, das geplante Stelldichein der Giganten dazu zu benutzen, jetzt die Waffen gegen die Sowjets zu erheben, um diese von der Elbe zur Oder zu vertreiben. Neue Hoffnungen keimten. Der neue amerikanische Präsident Truman sowie der englische Premierminister Winston Churchill hätten in der Tat am liebsten ein sowjetfreies Mitteldeutschland gehabt. Außerdem schwelte im Lager der Alliierten der Streit darüber, wer denn zuerst die Reichshauptstadt einnehmen solle, die Russen oder die Amerikaner. 5 Tage später lösten sich alle umherschwirrenden Gerüchte auf. Am 25. April 1945 trafen sich russische und amerikanische Offiziere bei Torgau an der Elbe. Die Begrüßung verlief nüchtern und ohne Zwischenfälle. Man einigte sich schließlich im Lager der Alliierten darüber, daß die Armeen General Eisenhowers am Elbufer und an der deutsch-tschechischen Grenze stehenbleiben sollten, ebenso 100 Kilometer vor Berlin. Den Sowjets überließ man die Einnahme der Reichshauptstadt.

In dieser für Deutschland auswegslosen militärischen Situation schmilzt der Restbestand der neu aufgestellten Fahnenjunker-Division mehr und mehr dahin. Die Frühlingsstürme des launischen Monats April brausen über Berge, Täler und Höhen des Harzes. Die Entscheidung steht vor der Tür. Für jeden wahrnehmbar. In den Dörfern werden weiße Fahnen gehißt. Die Fahnen der Kapitulation. Das Volk, seiner letzten Hoffnungen beraubt, ist kriegsmüde. Es will Frieden.

In den Wäldern von Altenbrack wird ein neuer Gefechtsstand bezogen. Er soll bis auf den letzten Mann verteidigt werden. Erstmals spürte man deutlich, daß alles verloren ist. Das grausame Spiel nähert sich seinem Ende. Abgekämpft und in Lethargie versunken, liegt der Großteil der letzten Eingreifreserve ohne jeglichen Offensivgeist verstreut in den Wäldern des Harzes. Keiner redet mehr von Verpflegung. Sie steht auch nicht mehr auf dem Programm. Lediglich 4 Scheiben Brot stehen jedem täglich zur Verfügung. Die geheiligten „eisernen Rationen", Verpflegungsreserve für eintretende Notfälle, existieren nicht mehr. Sie sind verzehrt. Die Amerikaner werfen Flugzettel en masse über unsere Waldstellungen ab und fordern mit Megaphonen zur Kapitulation auf. Sie versprechen gerechte Behandlung im Rahmen der Genfer Konvention, erstklassige Verpflegung und baldige Entlassung in die Heimatregionen.

Ungeachtet dessen ergreifen wir im Dunkel der Nacht mit unseren verbliebenen bescheidenen Mitteln nochmals die Initiative und werfen mit kleinen Stroßtrupps amerikanische Infanterie aus ihren bezogenen Stellungen heraus. Trotz erheblichen Munitionsmangels und vollzogener Einkesselung. Uns fehlt das Hinterland. Kabelverbindungen werden nachts von amerikanischen Spezialkommandos zerschnitten, so daß die Stellungen unserer restlichen Granatwerfergruppen ohne Feuerbefehle bleiben und daher nicht schießen. Der Bataillonsgefechtsstand schweigt. Er besitzt keine drahtliche Kommunikationsmöglichkeit mehr und wird laufend von amerikanischen Kampfflugzeugen überflogen und umkreist. Abgeschnitten von der Außenwelt, liegen wir chancenlos in einem Ring, dessen äußere Punkte Tanne - Thale - Quedlinburg - Halberstadt - Aschersleben -

Braunlage - Wernigerode - Blankenburg von den Amerikanern besetzt sind. Mittendurch fließt die Bode. In der Nacht zum 16. April 1945 endlich kommt wieder eine Sprechverbindung zwischen Bataillon und der 3. Kompanie zustande. Aus der Hörmuschel im Telefon des Bataillonunterstandes vernehme ich deutlich Gefechtslärm im Abschnitt der 3. Kompanie. Leutnant Rabe spricht dort mit verhaltener Stimme, die plötzlich, beim höhrbaren Peitschen eines Schusses, jäh verstummt. Man nimmt nur noch ein Stöhnen wahr. Sonst ist es still geworden. 2 Stunden später ist die Telefonverbindung wieder hergestellt; aber nicht mit dem Kompaniegefechtsstand selbst. Inmitten amerikanischer Stellungen liegt im Abschnitt des verbliebenen Restes der 3. Kompanie ein einfacher Landser in einem Wassergraben und flüstert uns seine Beobachtungen durchs wieder geflickte Kabel zu. Wir lauschen atemlos. Dann schweigt auch er.

Am 19. April 1945 greifen die Amerikaner unseren Bataillonsgefechtsstand an. US-Panzerkräfte unterstützen ihre vorgehende Infanterie. Es ist abends 18 Uhr. In den Wäldern ist die Hölle los. Von allen Seiten kracht es. Einschlagende Panzergranaten, knisterndes Geäst, brennende Bäume. Der Gefechtsstand ist in Brand geschossen. Vor ihm hocken 2 von uns am Vortage gefangengenommene US-Boys, lässig amerikanische Camel-Zigaretten rauchend. Obwohl man ihnen in dieser brenzligen Situation anbietet, sich aus unserer Verteidigungslinie abzusetzen, lehnen sie dies ab in der Gewißheit ihrer bevorstehenden Befreiung. Aus dem Unterholz des Waldes, für die amerikanische Infanterie unsichtbar, beobachte ich den weiteren Verlauf der Ereignisse. Aufrecht, entgegen jeder militärtechnischen Norm, läuft die vorgehende US-Infanteriewelle durch unser Abwehrfeuer. Mit leichten und eher tänzerischen Schritten. Die Worte „Go on" auf den Lippen. Sie stolpern förmlich über uns hinweg und bemerken in ihrer unkomplizierten Art nicht, daß der Feind im Unterholz liegt. 20 Meter von mir entfernt werden einige deutsche Soldaten in Höhe des verlassenen Gefechtsstandes von Amerikanern aus mir unerklärlichen Gründen standrechtlich erschossen. Meine Devise lautet: Raus aus dem dichten Unterholz, weg von dieser Stätte des Grauens, hinein in eine andere, verbesserte Situation. Ich springe urplötzlich hoch und stehe Auge in Auge einem amerikanischen Sergeanten gegenüber. Dieser verliert vor Schreck die Fassung. Dies kurzentschlossen ausnutzend, mache ich kehrt und flüchte wiederum in das dichte Gestrüpp der Harzwälder, mich von den Amerikanern entfernend. Hinter mir schießt deren Angriffsspitze aus allen Rohren.

Es ist 21 Uhr abends geworden. Die Nacht bricht herein. Es ist aussichtslos, in der Dunkelheit aus dem feindlichen Ring auszubrechen. Jedes Geräusch, jedes Knistern, ist nachts verstärkt hörbar. Ich bleibe regungslos liegen, oft den Atem anhaltend. Fahl scheint der Mond durch die Bäume. Der Wald wird von amerikanischen Truppen durchkämmt. Grelles Scheinwerferlicht leuchtet auf, blendet enorm und verschwindet wieder. Unruhe in der großen Einsamkeit. Hin und wieder peitscht noch ein Schuß durch die Nacht. Die Beretta-Pi-stole liegt entsichert vor mir. Ich friere. Ganz in meiner Nähe knistert der Waldboden. In Ruhe erstarrt, bleibe ich liegen und schlafe mühsam und fröstelnd ein.

Der Morgen erwacht. Ich erhebe mich vorsichtig. Steifgefroren. Mein Plan ist es, unhörbar in aller Frühe den Wald zu verlassen, um die Landstraße nach Altenbrack zu erreichen. An amerikanischen Biwakfeuern vorbeischleichend, gelingt mir die Flucht durch das Waldstück. Hitler begeht an diesem 20. April 1945 im Bunker der Berliner Reichskanzlei deprimiert seinen 56. Geburtstag. In den Harzwäldern aber liegen Tausende bunter Pappschachteln und leerer Konservenbüchsen verstreut herum. Sie enthielten amerikanische Verpflegung. Mit hungrigem Magen entdecke ich eine angebrochene Dose Tomatenmark, die noch halbgefüllt ist. Begierig verschlinge ich den Inhalt. 5 Stunden lang durch die Wälder hetzend, bereits die Mittagssonne über mir, erblicke ich unten im Tal, in einer Entfernung von etwa nur 1 Kilometer, die Landstraße nach Altenbrack. Auf ihr herrscht reges Leben. Ununterbrochen befahren von amerikanischen Jeeps, Panzern, Last- und Heeresfahrzeugen. Benzingeruch steigt empor. Neidvoll bewundere ich die unermeßlichen Reserven dieser westlichen Großmacht. Die Landstraße ist unter diesen Umständen nicht erreichbar. Stunden vergehen. Die Augen brennen, ständig neue Eindrücke sammelnd. Wieder bricht die Nacht an. Ich ziehe mich in den dichten Wald zurück, erneut abwartend.

Am nächsten Morgen versuche ich den Durchbruch mit Gewalt. Die unzählbaren Fahrzeuge der US-Army sind jetzt von der Landstraße verschwunden. Nur alle 2 Minuten braust ein Jeep vorbei. Greifbar nahe ist das Ziel. Ebenso umherstehende einzelne Bauernhäuser, in denen man vielleicht vorübergehend Zuflucht finden könnte. Zivil einkleiden, und ab auf eigene Faust in die Heimat.

Noch diese Pläne in der frühen Morgensonne des 21. April 1945 schmiedend, steht plötzlich ein amerikanischer Nachrichtentrupp vor mir, der Kabel legt. Wortlos vor Überraschung und Aufregung. Mit gelähmter Initiative. Man hatte hier mit keinem bewaffneten deutschen Soldaten mehr gerechnet. Auch mir klopft das Herz bis zum Halse. Wieder hinein in das Dickicht des Waldes. Auf erkannter Spur. Eine sehr gefährliche Situation. Hier sich länger aufzuhalten, wäre törichter Unsinn. An einer etwa 1 Kilometer entfernten Waldlichtung springe ich unerkannt über die Landstraße und erreiche auf der anderen Seite eine bewaldete Anhöhe. Unter mir liegt Altenbrack, das bereits von amerikanischen Truppen besetzt ist. Was nun? Von Gefechtslärm und deutschen Einheiten ist nichts mehr zu hören und zu sehen. Sich Zivilkleider zu beschaffen, ist unter diesen Voraussetzungen wahrscheinlich nicht realisierbar. Der Weg vom Harz in die Heimat ist sehr weit und gefahrvoll. Erschöpft lege ich mich auf eine einsehbare Waldwiese. Noch feldmarschmäßig bewaffnet. Mir ist es klar, daß in dieser auswegslosen Situation die Route in die Freiheit nur über die amerikanische Gefangenschaft führen kann. Am Waldrand erscheinen 2 Streifenposten der US-Army. Sie entdecken mich. In einem Gefangenen-Sammeltransport mit LKW geht es nach Göttingen. Von dort am 26. April 1945 nach Hersfeld. Hier informiert man uns, daß Hitler am 30. April 1945 im Bunker der Berliner Reichskanzlei durch Selbstmord aus dem Leben schied. Die Russen marschierten in die von Bomben zertrümmerte Reichshauptstadt ein und hißten über dem Brandenburger Tor und an dem ausgebrannten Reichstagsgebäude die roten Fahnen mit Hammer und Sichel. Am 7. Mai 1945 kapitulierte die deutsche Wehrmacht insgesamt gegenüber den Alliierten im Hauptquartier General Eisenhowers in Reims.

Der Gefangene befreit sich selbst
Mai 1945 – Januar 1946

Inzwischen landete ich im Gefangenlager Kreuznach-Bretzenheim, das die Amerikaner von farbigen Soldaten bewachen ließen. Zwei Ausbruchsversuche scheiterten in den von Wachtürmen gesicherten und von grellem Scheinwerferlicht nachts angestrahlten Weinbergen. Nach etwa 4 Wochen übergaben die Amerikaner das berüchtigt gewordene Camp an die Franzosen. Man hatte Deutschland inzwischen in Besatzungszonen aufgeteilt. So gelangte ich schließlich in französische Gefangenschaft. Man verlegte mich in den elsässischen Raum, und zwar nach St. Louis, direkt an die französisch-schweizerische Grenze. In kurzer Entfernung erblickte man das vom Krieg unberührte Basel. Das vernehmbare Glockengeläut seiner Kirchen erweckte Heimatgefühle. Im Camp Sigolsheim bei Colmar setzte mich der französische Lagerkommandant, ein Hauptmann, als Dolmetscher ein. In seinem Camp starb etwa ein Drittel der deutschen „prisonniers" an Hunger und damit verbundener allgemeiner Schwäche. Mit erstarrten und verglasten Augen, bleichen eingefallenen Gesichtern, noch ein paar unverständliche Worte vor sich herstammelnd, nahmen sie lautlos Abschied vom Leben. Man hatte den Eindruck, daß zumindest in den Juni- und Julitagen des Jahres 1945 diese schrecklichen Dinge von revanchelüsternen französischen Nationalisten gesteuert wurden. Die Todesursachen der Verstorbenen wurden neutral mit „Ödemen,, dokumentiert. Auch gegenüber einer Schweizer Roten Kreuz-Kommission, die das Lager Sigolsheim eines Tages besuchte. Erschreckt nahm diese von den vorhandenen untragbaren und völkerrechtswidrigen Zuständen im Lager Kenntnis. Ich nahm an den Verhandlungen zwischem dem französischen Hauptmann und dem Schweizerischen Roten Kreuz als Dolmetscher teil. Es wurde eine Liste all derer aufgestellt, die praktisch dem Hungertod schon sehr nahestanden. Sie sollten den Amerikanern zur baldigen Entlassung übergeben werden.

Schon nach 1 Woche rollten frühmorgens 2 amerikanische Lastwagen auf Anordnung des Schweizer Roten Kreuzes in das elsässische Camp Sigolsheim ein. Die Amerikaner verlangten vom französischen Hauptmann und mir die Liste der Abzutransportierenden. Diese stiegen, mit meiner Hilfe, mühsam auf die abfahrbereiten LKW's. Die Motoren donnerten, und im allgemeinen Wirrwarr entdeckte der Lagerkommandant nicht, daß ich mich zu den Todkranken hinaufschwang, noch 2 nicht auf der Liste stehende Landser mitnehmend. Die Flucht aus der französischen Kriegsgefangenschaft war geglückt. Im amerikanischen Entlassungslager Heilbronn schließlich beschritten wir am 13. Januar 1946 den Weg in die Freiheit, heim zu den auf uns Wartenden.

Europäische Aspekte und deutsche Perspektiven

Die Frage, was denn nun aus dem in 4 Besatzungszonen aufgeteilten West-Deutschland werden sollte, bewegte jeden Deutschen und auch Europäer. Entstand hier in der Mitte Europas ein neuer Unruheherd, kaum daß der 2. Weltkrieg beendet war? Ein andersgeartetes „Versailles", das gegebenenfalls die Völker in ein erneutes und wahrscheinlich letztes kriegerisches Abenteuer hineinreißt? Die von den Amerikanern über Hiroshima abgeworfene erste Atombombe mit ihren furchtbaren Folgen schuf polititsch und militärtechnisch eine ungeheure Signalwirkung.
Die Westmächte waren mit der Sowjetunion, ihrem vorherigen Verbündeten, heillos zerstritten. Aus den 4 Besatzungszonen schufen Amerikaner, Engländer und Franzosen die Trizone als wirtschaftliche Einheit mit demokratischen Verwaltungen. Diese unterstanden den 3 Hohen Kommissaren der Westmächte. Den Russen verblieb die Ostzone, also Mitteldeutschland. Auf deutschem Territorium bildeten sich schließlich 2 deutsche Staaten, die Bundesrepublik sowie die Deutsche Demokratische Republik.
Auch Europa spaltete sich ideologisch in 2 Lager, und zwar in den Westblock sowie in den von Moskau gesteuerten Ostblock. Die internationale Diplomatie hat diesen bedauerlichen und eigentlich unnatürlichen Status quo bis heute, fast 40 Jahre nach Kriegsende, nicht überwinden können. Die zwei Atom- und Supermächte

USA und Sowjetrußland kommen hierüber zu keiner gemeinsamen Übereinstimmung. In dieser kritischen Phase geschichtlichen Ablaufs sollte es erstrangige Aufgabe der deutschen Politik sein, ständig auch die von der Verfassung geforderte Wiedervereinigung Deutschlands nicht aus den Augen zu verlieren. Eine geteilte deutsche Nation darf und kann es auf Dauer nicht geben. Die UNO muß ständig mit der deutschen Frage beschäftigt werden. Das völkerrechtlich fixierte Selbstbestimmungsrecht der Völker muß notfalls durch geheime und freie Wahlen in Deutschland unter internationaler Aufsicht herbeigeführt werden. Ständiges Schweigen hilft hier nicht weiter. Die nationale Einheit, die auch im Interesse des Weltfriedens erforderlich ist, steht auf dem Spiel. Mit aller Kraft sollten wir uns für sie einsetzen.

Inhalt

Gewitterwolken über Deutschland
1930 – 1933 7

Aufbruch zu neuen Ufern
1933 – 1937 11

Das Großdeutsche Reich
1938 – 1939 23

Die Polenkrise und der Weg zum 2. Weltkrieg
März 1939 – August 1939 37

Der Polenfeldzug und der Krieg gegen Frankreich
1. September 1939 – 22. Juni 1940 43

Wiener Schiedssprüche und der Dreimächtepakt
August 1940 – September 1940 53

Die Collaboration in der besetzten Zone Frankreichs
Oktober 1940 – Januar 1941 57

Vom Thüringer Wald zum nördlichen Polarkreis
Februar 1941 – Juli 1941 71

Amerikas Kriegseintritt und die Résistance in Frankreich
August 1941 – März 1943 93

Unruhige Provence/Italien kapituliert
– die Kriegswende –
April 1943 – September 1943 109

Privatmann in Uniform/Marschbefehle ins
„Ungewisse"
Oktober 1943 – Dezember 1943 117

Partisanen in der Toscana und an Liguriens Küste
Januar 1944 – Mai 1944 123

Vom Mittelmeer zum Schwarzen Meer
Juni 1944 – August 1944 133

Brodelnder Balkan/Die Ostfront wankt
September 1944 – Dezember 1944 165

Signale des Unterganges: Breslau, Dresden und
Berlin
Januar 1945 – März 1945 171

Endeinsatz im Harz
April 1945 179

Der Gefangene befreit sich selbst
Mai 1945 – Januar 1946 189

Europäische Aspekte und deutsche Perspektiven ... 191